Heike Maurer

Über Nacht glücklich
Eine himmlische Geschichte, die Leben erneuert

Zugang zum Coach-Paket

Bibliografische Information der Deutschen Nationalbibliothek:
Die Deutsche Nationalbibliothek verzeichnet diese Publikation in der Deutschen Nationalbibliografie; detaillierte bibliografische Daten sind im Internet über http://dnb.dnb.de abrufbar.

© 2016 Heike Maurer (www.geistige-lebenshilfe.de)
Lektorat: Jennifer Wagner
Floralpicture designed by freepik.com
Herstellung und Verlag: BoD –
Books on Demand, Norderstedt

ISBN: 9783741249914

Halte kurz an und erkenne, wo du bist. Bitte warte nicht auf einen Tag X, an dem dich das Leben erfüllt, sondern ermögliche dir starke Bausteine für das, was du wirklich erleben möchtest. Tritt ein in die Wunder des Lebens. Der Zugang ist deine gegenwärtige Position. Dort öffnet sich deine Kraft.

Inhaltsverzeichnis

Prolog

Wie sollte man dieses Buch lesen? 11

Die große Herausforderung 13

Wie kann man mit dem Buch arbeiten? 14

Erster Teil

Kapitel 1: Was blockiert mich? 15

Kapitel 2: Der Widerstand 27

Kapitel 3: Das große Nicht-Verstehen 31

Kapitel 4: Die systemische Bremse 36

Kapitel 5: Erkenne, wo du bist 44

Kapitel 6: Bring dich in deine Position 49

Kapitel 7: Halt kurz an 55

Kapitel 8: 59

Kapitel 9: Kontaktaufnahme Mutter Erde 65

Kapitel 10: Mutter Erde hilft 71

Kapitel 11: Warum, wieso, weshalb 76

Zweiter Teil

Kapitel 12: Was willst du wirklich? 82

Kapitel 13: Die Urkraft öffnet sich 92

Kapitel 14: Das Leben meint es gut 96

Kapitel 15: Ist zu viel Glück ungesund? 104

Kapitel 16: Ins Leben gehen 113

Kapitel 17: Über Nacht glücklich 116

Kapitel 18: Die erste Stolperfalle 125

Kapitel 19: Die zweite Stolperfalle 129

Kapitel 20: Sei heute schon wertvoll 132

Kapitel 21: Einfach so 137

Dritter Teil

Kapitel 22: Vom Ich zum Wir 147

Kapitel 23: Das große Geschehen im Wir 152

Kapitel 24: Finde Abstand im Geschehen 155

Kapitel 25: Bereit für eine neue Sicht 162

Kapitel 26: Erkenne dich in deinem Licht 166

Kapitel 27: Eine wichtige Botschaft 170

Kapitel 28: Was du siehst, kannst du wandeln 173

Kapitel 29: Schenk dir Raum und Zeit 177

Kapitel 30: Ankommen 179

Kapitel 31: Liebevolle Provokation 183

Kapitel 32: Himmlische Verzückung 187

Kapitel 33: Die goldene Sonne 189

Zugang zum Coach-Paket 195

Über die Autorin 197

Übersicht Übungen 200

Prolog

Erscheint ein Leben anstrengend oder unglücklich, sucht der Mensch automatisch nach Erklärungen, warum es ist, wie es ist, und wünscht sich eine positive Veränderung. Doch kommt diese nicht, öffnen sich viele Fragen nach dem Warum, Wieso, Weshalb. Diese suchen nicht nur Antworten, sondern hoffen auf eine Lösung, auf den Durchbruch, auf einen Erfolg.

Die himmlische Geschichte „Über Nacht glücklich" bringt Licht in die vorhandene Dunkelheit (= in das Unbewusste). Über diese erhellte Nacht (= die Bewusstwerdung) treten die Essenz des Lebens: die Schöpferkraft und das natürliche Glück hervor, breiten sich aus und erneuern Leben.

Das Buch schenkt dir eine wichtige Botschaft: „Bleibe nicht zu lange im Fragekarussell sowie im Versuch Leben verändern zu wollen stecken, sondern befreie stattdessen deine Lebenskraft. Dadurch lösen sich Ängste, Hindernisse, Blockaden sowie Frustration wie von selbst auf und deinem Glück steht nichts mehr im Wege. Nutze deine Lebensquelle klug und warte nicht auf einen Tag X, an dem sich dein Leben verändert, sondern ermögliche dir starke Bausteine für das was du wirklich erleben möchtest. Die Wunder des Lebens werden dir begegnen." Wie du das heilsam und befreiend, mit spirituellem Tiefgang, Freude und Erfolg umsetzen kannst erfährst du in diesem Buch.

Jedes Kapitel beginnt mit lebendigen Eindrücken meiner wahren Geschichte, danach folgen wertvolle Tipps und Übungen aus der geistigen Welt. Der erste Teil des Buches nimmt dich mit auf eine Reise ins ganzheitliche Erwachen. Dabei erzähle ich dir, warum Gott Vater mir meine wichtigste Frage, „Was hindert mich eigentlich wirklich?", mit nur einem einzigen Wort beantwortet hat und wie es mir Dank seines außergewöhnlichen Coaching-Programmes gelungen ist, mich aus all meinen Störfeldern zu befreien.

Im zweiten Teil des Buches wird es spannend, heilsam und lustig zugleich, denn die himmlische Geschichte erzählt dir, wie du dir unabhängig von deinen Lebensumständen schon heute einen starken „Erfüller-Kick" ermöglichen kannst.

Der dritte Teil des Buches zeigt verständnisvoll, warum der Übergang vom „Ich zum Wir in mir" sowie die Öffnung der Lebenskraft in der heutigen Zeit für uns Menschen unaufhaltsam, nicht ganz einfach, aber dafür sehr lohnenswert sind. Mit diesem Prozess nähern wir uns automatisch dem Thema „Spiegelungen". Wir erfahren durch die himmlische Geschichte, was wir durch sie erkennen, öffnen und befreien können.

Mit dem Kauf dieses Buches bekommst du den Zugangscode zu meiner Homepage: www.himmlische-geschichte.de,

dort findest du Inspirationsimpulse und alle genannten Übungen zum Buch. Nun möchte ich dich nicht länger hinhalten, denn es warten viele spannende Erkenntnisse und jede Menge Aha-Erlebnisse auf dich. Ich wünsche dir ganz viel Freude beim Lesen.

Wie sollte man dieses Buch lesen?

Du kannst das Buch in deinem ganz eigenen Tempo durchlesen und zeitgleich anfangen, die Übungen durchzuführen. Es kann sein, dass beim Lesen Fragen aufkommen, die nach Antworten suchen. Diese finden sich beim Weiterlesen des Buches von selbst.

Wenn du dir in einem akuten Geschehen nicht sicher bist, welche Übung für dich die Beste ist, besuche die Homepage www.himmlische-geschichte.de. Dort findest du ganz schnell und völlig unkompliziert deine individuell passende, schnelle Übung sowie spannende Inspirationsfunken für deine Situation. Du kannst sie spielerisch und leicht anwenden.

Informationen über die geistige Welt

In der himmlischen Geschichte „Über Nacht glücklich" erzähle ich dir, wie mich Gott Vater und Mutter Erde im Prozess des ganzheitlichen Erwachens gecoacht haben. Gott Vater ist für mich die alles durchdringende Essenz des Lebens. In ihr sind Liebe, Licht, Weisheit und schöpferische Kraft vollkommen eins. Diese Essenz hat für mich weder Gesicht, Gestalt, Namen oder Religion. Sie zeigt sich mir über die archetypische Kraft des Ur-Vaters, den ich „Gott Vater" nenne: Durch diese archetypische Kraft sprechen auch mein Geistführer, mein Seelenselbst und manchmal die Quelle der Schöpfung selbst.

Wenn ich schreibe „Die geistige Welt schenkt uns eine Botschaft", so sprechen, wenn nicht eigens angegeben, das Ur-Vater-Prinzip oder mein Geistführer durch mich hindurch. Mein Geistführer steht immer an meiner Seite, sobald ich mit einer medialen Arbeit beginne. Er hat mich dahingehend unterstützt, die Botschaften und Einblicke des „Gott-Vater-Coachings" erkennen und umsetzen zu können.

Dasselbe gilt auch für die Erzählung „Mutter Erde gibt kund": Sie ist für mich die unersetzbare, liebende Kraft der Güte, der Kreativität, das wohlwollende Prinzip des Lebens. Sie zeigt sich mir in der archetypischen Kraft der Ur-Mutter, die in jedem Menschen schlummert und Ausdruck finden kann: Über diese archetypische- Kraft erreichen mich das Naturreich sowie das Engelreich.

Die große Herausforderung

Im Alltag ist es eine sehr große Hürde, anzuhalten und zu erkennen, wo du bist. Sie gilt es zu meistern. Diese Hürde ist das ganz natürliche „Noch nicht anhalten können, im Blinden, Stummen eingebunden sein". Wenn du dieses Buch liest, wirst du erkennen, was gemeint ist, wenn ich dich frage: „Wo bist du denn gerade wirklich?"

Die geistige Welt schenkt uns eine Botschaft: Die Engel sehen deine gegenwärtige Problematik nie als die eigentliche Störquelle in dir an. Was dich hindert und begrenzt, die großen Wunder des Lebens sowie positive Veränderungen erleben zu können, ist die natürliche Unfähigkeit, im „Blinden, Stummen eingebunden" zu sein, Abstand zu finden, um kurz anhalten zu können.

Solange du nicht erkennen kannst, dass deine Kraft in dir verschlossen ist, kannst du sie auch nicht öffnen. Das Wissen darüber, warum deine Kraft verschlossen oder wie es dazu gekommen ist, öffnet deine Kraft jedoch nicht. Deine größte Kraft öffnet sich genau dort, wo sie akut und gegenwärtig in dir wirkt. Entziehst du dich dort deinen Fragen, deinen Erklärungen und deinem Bestreben, kommst du in den Raum, in dem deine schöpferische Quelle zu Hause ist.

Dort, in diesem Raum, darfst du dich von der Sonne des Lebens berühren lassen. Dein Sonnenmagnet wird aktiv und deine schöpferische Kraft entfaltet sich. Dadurch wird der Blinde in dir sehend und der Stumme kann sich frei mitteilen. Du kannst in allen Bereichen, in denen du bisher nie eine Option oder eine freie Wahl hattest, jetzt ganz neu und selbstbewusst wählen. Dein Leben beginnt, dich auf wundervolle Weise zu beglücken.

Wie kann man mit dem Buch arbeiten?

Das Buch ist sehr kompakt und gehaltvoll. Es bietet dir viele praktische Übungen, wertvolle Tipps und inspirierende Fragen, die dich „in deinen unrunden Momenten" spielerisch erkennen lassen: „Wo bin ich denn gerade wirklich?" Sie stärken dich aber auch in deinen „runden Momenten", das Wundervolle im Leben wahrzunehmen, es zu stärken und zu vermehren.

Jede Übung hat einen starken Beweggrund: das unbewusst Wirkende kurz anhalten zu können, damit die göttliche Quelle in dir verstärkt hervortreten kann. Dadurch öffnen sich gebundene Kräfte und die große Schöpferkraft beginnt, die eigentliche Arbeit für dich zu übernehmen.

Eine Übung kann auch ohne ein bestimmtes Ergebnis jederzeit beendet werden. Wendest du den Leitsatz des Buches „Halt kurz an und erkenne, wo du bist" in deinem Leben an, beginnen deine noch gebundene, aber auch deine freie Schöpferkraft, sich dir mitzuteilen.

Im Prozess der Öffnung können deine Kräfte vorübergehend rebellieren, sich querstellen, dich kurz aufhalten aber auch vorwärtsschieben, befreien, heilen und dich erfüllen. Ihr größtes Bestreben ist jedoch immer, dass sie sich für dein Wohlergehen, deine Wünsche und Ziele wunderbar entfalten können.

Diese Tatsache darf uns beseelen.

Erster Teil
Kapitel 1: Was blockiert mich?

Die nervigsten Fragen, die man sich in seiner Entwicklung überhaupt stellen kann, sind Fragen wie: Warum sind die Dinge, wie sie sind? Stimmt etwas nicht? Verstehe ich etwas nicht? Wie erklärt es sich? Blockiert mich etwas? Was hindert mich? Steht mir etwas im Wege? Wie lange noch? Warum passiert mir das? Was muss ich noch tun? Wie komme ich da raus? Wie kann ich mein Leben in eine positive Richtung lenken? Diese Fragen sind auf Dauer nicht nur anstrengend, sondern auch sehr, sehr tückisch.

Über diese Fragen kann man sich sehr schnell energetisch verhaken, verstecken, fesseln, ausbremsen und über lange Zeit hinweg selbst gefangen halten. Warum diese Fragen einerseits wichtig, andererseits aber sehr hinderlich und kräftezehrend sind, warum diese Fragen auf einer ganz bestimmten Ebene sogar völlig sinnlos sind, möchte ich dir anhand meiner Geschichte verständlich machen.

Als alleinerziehende Mutter war ich viele Jahre lang in meinem erlernten Beruf als Raumausstatter-Meisterin und Künstlerin selbständig tätig. Meinen Lebensunterhalt habe ich mir Monat um Monat stets mit großem Arbeitsaufwand mühselig erarbeitet. Eigentlich wollte ich gar keine Raumausstatterin mehr sein, sondern ich wollte viel lieber meiner Berufung als Medium nachgehen.

Es war ein großer Spagat zwischen „Ich muss meine Rechnungen bezahlen" und „Ich würde so gerne ungehindert meine Berufung ausüben können". Die Tätigkeit als Raumausstatterin war sehr zeitaufwändig und körperlich anstrengend, sie erbrachte mir jedoch das monatliche

Einkommen, um sicher über die Runden zu kommen. Die Tätigkeit als Medium und Künstlerin hingegen ging mir freudiger und viel leichter von der Hand. Die intensive Zusammenarbeit mit der geistigen Welt erfüllte
mich dabei zutiefst. Leider erbrachte mir dieser Bereich jedoch nicht die
Einnahmen, die ich gebraucht hätte, um meine laufenden Kosten begleichen zu können.

Für mich war das keine einfache Zeit, denn es gab neben meiner Selbständigkeit auch noch eine große lebendige Verantwortung, nämlich die, die ich meinen Kindern gegenüber hatte. Wenn mir alles zu viel gewesen ist, sehnte ich mich innig danach, einfach nur glücklich sein zu dürfen.

Was mich immer wieder forderte und mir Kopfzerbrechen machte, war, eine klare Lösung für meine berufliche Situation zu finden. Zunehmend kam die Befürchtung in mir auf, dass sich meine Erfolgsenergie in drei Bereiche – Raumausstatterin, Künstlerin, Medium – aufspalten und dies meine Erfolgskraft erheblich zerstreuen würde. Ich glaubte, immer mehr erkennen zu können, dass ich in diesem Eingebunden-Sein meinen Fokus gar nicht auf das lenken konnte, was mir wirklich wichtig und heilig war.

Motiviert durch ein Seminar mit dem Titel „Lebe deine Berufung", kam ich zu der klaren Entscheidung, mich fortan nur noch auf meine medialen Fähigkeiten sowie auf Gottes Führung einzulassen und beendete innerhalb von nur drei Monaten meine Selbständigkeit als Raumausstatterin. Mit diesem Entschluss, da war ich mir ganz sicher, würde alles gut werden, wenn ich nur im Vertrauen bleiben würde und wenn ich meinen Fokus beständig auf mein Ziel hin lenken würde. Mein Ziel war einfach und klar: zwei mediale Beratungen täglich.

Somit hätte ich für mich eine erfüllte Berufung leben und meine Kosten decken können. Doch es kam erst einmal ganz anders. Was dann vor sich ging, hätte ich mir vorher nicht vorstellen können, denn nach dem so freudigen Entschluss, mich voll und ganz auf meine Berufung zu fokussieren, passierte nämlich ein ganzes Jahr lang gar nichts. Nichts. Keine einzige Beratung, keine Anfragen im künstlerischen Bereich, nichts. Die absolute Flaute. Ich blieb dennoch zuversichtlich und dachte mir im spirituellen Fachjargon: *Aus welchen Gründen auch immer ich diese Erfahrung erleben muss, ich bleibe voller Vertrauen und auf göttlichem Erfolgskurs. Nach und nach erweitere ich meine Angebote, biete zusätzlich Meditationen, Seminare und Vorträge an.*

Motiviert und guter Dinge machte ich mich dabei stets neu ans Werk, plante Termine, gestaltete Inhalte, Homepage, Plakate und Flyer. Aber trotz Engagement und Herzblut kamen entweder gar keine Menschen oder nur sehr wenige.

Nach einem Jahr wechselte ich Ort und Raum, doch viel veränderte sich dadurch nicht. Was immer ich geplant, mir vorgenommen und organisiert habe, alles war sehr, sehr schleppend und mühselig, brachte mir nicht wirklich den nachhaltigen Erfolg, den ich mir für mein Engagement und für meinen Aufwand erhofft hatte.

Den Großteil meiner Einnahmen – sowie einen Teil meiner Ersparnisse – steckte ich in gezielte Werbemaßnahmen. Weil diese allein aber keine nennenswerten Veränderungen erbrachten, erweiterte ich mein Beratungsangebot immer mehr und ließ mich zusätzlich zum systemischen Coach ausbilden.

Als meine Ersparnisse nach drei Jahren fast aufgebraucht waren und ich aus finanziellen Gründen keine Seminare mehr besuchen konnte, begann ich letztendlich, aus dem zu schöpfen, was ich hatte. Ich betete jeden Morgen, Mittag und jeden Abend kontinuierlich eine Stunde lang intensiv. Am Nachmittag setzte ich mich zusätzlich mit meinem Sohn an den Küchentisch. Er machte seine Hausaufgaben und ich studierte die 33 Reden von Saint Germain. Wenn ich mit allen Reden durch war, fing ich wieder von vorne an. Die, die mir am wichtigsten waren, konnte ich fast auswendig.

Ich hatte viel Zeit für mich und verbrachte diese, wenn meine Kinder in der Schule waren, gerne in der Natur oder habe gemalt. Das war einerseits erholsam und auch sehr schön, doch erbrachte es mir keine Geldeinnahmen. Ganz oft habe ich in dieser Zeit laut zu den Engeln, zu den aufgestiegenen Meistern und zu den Bäumen gesprochen. Ich habe geweint, geklagt, gefleht und stets um Hilfe gebetet, doch verändert hat sich wenig. Zunehmend setzte mich die Gesamtsituation stark unter Druck und die Realität des Lebens holte mich jenseits der Hoffnung immer wieder ein. Ich fühlte mich vom materiellen Erfolg weit entfernt.

Mein Wohlbefinden durchlief in dieser Zeit die gesamte Gefühls- und Emotionswelt. Es gab Phasen, in denen ich sehr starken Gefühlsregungen ausgesetzt oder einfach nur energetisch matt war. Doch mit der Kraft des innigen Gottvertrauens sowie der hoffenden Zuversicht auf eine baldige Veränderung gelang es mir immer wieder, mich in einen Zustand zu heben, der den Tenor „Alles wird gut" hatte.

Dieses Wechselspiel der Gefühle hielt über viele Monate hinweg an, doch an der Gesamtsituation veränderte sich kaum etwas. Alles blieb beim Alten: wenige Nachfragen, wenige Kursteilnehmer und insgesamt wurde ich immer trauriger. Ich war enttäuscht darüber, dass ich selbst kaum eine greifbare Veränderung erzielen konnte. Oft stellte ich mir die Frage: „Ob es wohl der falsche Zeitpunkt war, meinen Beruf als Raumausstatterin aufzugeben?" Gelegentlich fragte ich mich auch, ob Gott Vater überhaupt wollte, dass ich für die geistige

Welt arbeitete. Waren dies vielleicht Zeichen dafür, wieder in meinen alten Beruf zurückzukehren oder sollte ich mir vielleicht eine sichere Arbeitsstelle suchen?

Irgendwie wollte ich mich nicht wirklich auf diese Fragen einlassen, denn ich hatte diese Punkte bereits mehrmals von verschiedenen Medien abklären lassen. Ihre Botschaften waren im Ansatz immer gleich: Ich befände mich auf einem guten Weg. Meine Berufung sei es, ein Medium der geistigen Welt zu sein und es würde nicht mehr lange dauern, bis sich der Erfolg auch wirklich einfände.

Fast drei Jahre waren bereits vergangen und der Erfolgskurs hatte sich immer noch nicht eingestellt. Da musste ich doch etwas Wichtiges übersehen haben oder es lief ganz einfach schief. Als der Druck wieder einmal über einen längeren Zeitraum unerträglich auf mich einwirkte, suchte ich trotz des Wissens, dass alles gut werden würde, Klarheit bei einem sehr bekannten Medium.

Natürlich wollte ich mich erkundigen, was mich hinderte und mich vom Erfolg abhielt. Sie ließ mich in ihr Zimmer eintreten, begrüßte mich freundlich und wollte wissen, was mich zu ihr führte. Bedrückt erzählte ich ihr von meiner Situation. Schon nach wenigen Sätzen unterbrach sie mich laut lachend. Sie sah mich mit ihren wachen Augen an und meinte nur, ich solle nach Hause gehen, mir auf ein großes Blatt Papier schreiben, dass ich auf dem richtigen Weg sei und dass ich keinerlei Probleme hätte – weder im finanziellen noch im beruflichen Bereich. Sie könne weder bei mir noch bei meinen Kindern karmische Verstrickungen oder andere Störquellen sehen. Es sei sich alles in bester Ordnung.

Ehrlich, wenn ich nicht gewusst hätte, dass diese Dame ein sehr professionelles Vollblutmedium war, hätte ich gedacht, sie versteht ihr Handwerk nicht. Dass sie so gelacht hat, damit konnte ich überhaupt nicht umgehen, denn mir war meine Angelegenheit sehr wichtig und nach Lachen war mir gar nicht zu Mute. Deshalb scheute ich mich nicht, von ihr wissen zu wollen, ob sie mein Anliegen eigentlich ernst nehmen würde. Doch, versicherte sie mir. Sie könne mir aber nichts anderes sagen und meinte nur, in drei Jahren würde ich rückwirkend erkennen, warum ich so lange in diesen Prozess eingebunden gewesen sei. Als ich das hörte, hielt ich die Luft an und dachte: *In drei Jahren?!* Es schnürte mir augenblicklich den Hals zu.

Mit gesenktem Kopf saß ich stumm auf meinem Platz und malte mir in Windeseile aus, was diese Aussage bedeuten könnte. Es könnte also sein, dass dieser Zustand noch weitere drei Jahre andauern würde. Oh mein Gott! Das würde ich nicht aushalten. Als ob sie meine Gedanken lesen konnte, sprach sie zu mir: „Doch, das hältst du aus. Genieß diese Zeit, denn sie wird die wertvollste in deinem Leben sein. Deine finanziellen Verluste wirst du innerhalb eines Jahres wieder aufholen können. Ich sah sie erstaunt an, doch von mir kam nur noch ein verwegenes: „Nun denn, dann will ich das mal glauben."

Da es aus ihrer Sicht nichts weiter zu klären gab, verabschiedete ich mich und ging wieder. Die Beratung hatte 15 Minuten gedauert und der Weg nach Hause nahm fast drei Stunden in Anspruch. Genug Zeit, um die Botschaft zu verdauen. Doch ich war mir nicht sicher, ob ich ihre Aussage annehmen konnte oder nicht. Dennoch nahm ich mir „ernsthaft" vor, die nächsten Monate, so gut es eben ging, zu genießen.

Trotz Vorsatz und Bemühungen gelang mir das aber nicht. Schon zwei Wochen später kamen der innere Druck und die große Unsicherheit wieder verstärkt in mir auf. *Nein, nicht schon wieder*, dachte ich, als ich spürte, wie es leise in mir anfing, zu schwanken und missmutig zu werden. Jetzt nur nicht in die Resignationsschleife abrutschen und dort über Stunden hängen bleiben! „Nein", sprach ich laut in den Raum hinein. „Nein, das möchte ich jetzt nicht."

Um mich abzulenken, zündete ich mir eine Kerze an und betete über eine längere Zeit immer wieder den Psalm 23. Der innere Druck war jedoch nicht zu umgehen und selbst im Gebet sprechend, dachte es im Hintergrund in mir weiter. Diese Gedanken ignorierte ich einfach. Ich betete innig weiter und versuchte weiterhin, meine Mitte zu halten.

Dies ist mir auch gut gelungen, bis sich plötzlich mein Hinterkopf regte und ich von der nun folgenden Bemerkung regelrecht attackiert wurde: *Was machst du, wenn das Medium falsch liegt und du eine tiefsitzende Blockade hast, die bisher niemand sehen konnte? Willst du trotzdem weiter herumsitzen und zusehen, wie sich nichts verändert?*

Peng! Das wirkte. Ich hielt sofort inne und fragte mich: „Was war das? War das etwa eine Botschaft?" Ich war hellwach, klar bei Sinnen und stellte mit nur einem Atemzug fest: „Jetzt bin ich endgültig erledigt."

Wie betäubt sah ich eine Weile ins Leere. Plötzlich regte es sich mir: „Nein, ich bin nicht erledigt, das ist doch der Beweis. Na klar, ist das der Beweis. Ich hatte die ganze Zeit Recht, ich habe also doch eine tiefsitzende Blockade. Meine Vermutung stimmte also wirklich. Diese Blockade sitzt so tief, dass bisher einfach niemand sie sehen konnte."

Auf dieses Erlebnis hin musste ich erst einmal eine kurze Pause einlegen, ging in die Küche, belegte mir zwei Brote und stärkte mich. Dabei dachte ich darüber nach, wer mir jetzt noch helfen könnte. An wen könnte ich mich noch wenden, wenn selbst das beste Medium diese Blockade übersah? Ich war mir ganz sicher: Wenn mir jetzt noch jemand helfen könnte, dann nur Gott selbst.

Nun musste ich dranbleiben, hartnäckig sein und mich an ihn persönlich wenden. So ging ich wieder zurück ins Wohnzimmer und fing umgehend an, direkt zu Gott Vater zu sprechen: „Gott Vater, ich wende mich jetzt direkt an dich. Siehst du, das Medium hat mein Anliegen doch nicht ernstgenommen. Es stimmt gar nicht, was sie gesagt hat. Ich habe wirklich eine tiefsitzende Blockade. Sie sitzt so tief, dass bisher einfach niemand sie sehen konnte. Kannst du sie sehen, Gott Vater? Die Vorstellung, mit dieser Blockade einfach hier still rumzusitzen, ist unerträglich für mich. Dazu kommt, dass ich nach Aussage des Mediums diese Zeit auch noch genießen soll. Das geht doch nicht. Es muss sich doch jetzt etwas verändern. Nur wie? Ich halte das alles wirklich nicht mehr länger aus! Weißt du, Gott Vater, ich habe wirklich großes Vertrauen in dich und ich habe echt großes Vertrauen in deine Führung, aber bei aller Liebe, ich kann doch diese furchtbare Situation nicht einfach so hinnehmen und aussitzen! Das Maß der Belastbarkeit ist für mich jetzt endgültig erreicht. Es reicht mir, verstehst du, Gott Vater? Es reicht. Ich bin es endgültig leid, meinen Ausweg nicht finden zu können. Ich brauche deine Hilfe, denn ich habe das Gefühl, ich habe mir schon viel zu oft diese nervigen Fragen gestellt, jedoch nie eine klare Auskunft bekommen und wenn ich von außen die Auskunft bekommen habe, dass alles in bester Ordnung sei, hat diese nie wirklich meine innere Unsicherheit gelöst. Sie kommt immer und immer wieder neu in mir auf. Egal, was ich tue. Egal, was ich höre. Also kann hier doch etwas nicht mit rechten Dingen zugehen, sonst käme dieser Impuls doch nicht ständig in mir hoch. Sag du mir bitte, was ich jetzt tun kann!"

Ohne eine Pause einzulegen, redete ich alles aus mir heraus: „Weißt du, Gott Vater, es ärgert mich kolossal, dass ich für diese mir so wichtige Frage einfach keine Hilfe, wenigstens eine kleine umsetzbare Erkenntnis oder eine greifbare Lösung bekomme. Ich würde wirklich alles dafür geben, wenn ich nur wüsste, was genau ich tun oder an meiner Situation verändern könnte."

Während ich meinem Unmut und meinem Unverständnis Raum schenkte, zündete ich eine neue Kerze an und kam auf die wunderbare Idee, nun so lange zu beten, bis Gott Vater mir auf meine Frage „Was hindert mich eigentlich wirklich?" antworten würde.

Wow, dachte ich mir, was für eine gute Idee! Für mich war klar, dass ich das nun konsequent durchziehen würde. Wirklich gehört hatte ich Gott Vater zwar noch nie, aber das machte ja nichts, irgendwie würde sich etwas in mir regen. Auf jeden Fall würde ich jetzt beten und nicht eher aufhören, bis ich meine Antwort wirklich erhalten hätte, auch auf die Gefahr hin, morgen früh noch hier zu sitzen. Ich spürte: Dieses Vorhaben öffnete ein enormes Kraftfeld und diese geöffnete Power bestätigte meinen Entschluss.

Die Gebetsrunde begann mit folgenden Worten: „Gott Vater, ich erwarte jetzt umgehend und direkt deine Hilfe." Das hört sich schon mal gut an, dachte ich mir und war mir ganz sicher, heute Nacht würde sich meine tiefste Blockade endgültig auflösen. Ich fühlte es ganz deutlich: Heute würde ich ohne Wenn und Aber die richtige Antwort auf meine Frage „Was hindert mich eigentlich wirklich?" empfangen und so erklärte ich laut sprechend mein Vorhaben: „Gott Vater, ich bete jetzt so lange, bis du mir deine Offenbarung schenkst. Okay. Ich werde dich nach jedem ‚Vater unser', welches ich nun zu dir spreche, immer wieder fragen: ‚Was hindert mich? Was blockiert mich eigentlich wirklich?'" Selbstsicher startete ich meinen Gebetsmarathon.

Für mich stand fest, ich würde nicht aufhören, bis ich die Antwort auf meine Frage erhalten hätte. Ich war diszipliniert, rhythmisch, klar und blieb dementsprechend voll im Gebetssound. Nach vielen Stunden des Gebete-Sprechens war es dann soweit. Ich bekam unüberhörbar die göttliche Antwort. Ich hörte sie aus dem inneren Raum meiner Seele und ich hörte sie gleichzeitig aus dem Raum, in dem ich mich befand. Sie erklang unüberhörbar hell, eindringlich und sehr, sehr deutlich.

Ich hörte, wie die Stimme sprach: „Nichts! Nichts hindert dich!"

Mein Herz stolperte, mein Atem stockte. Geistesgegenwärtig stand ich sofort vom Stuhl auf, ging im Raum hin und her und sprach: „Wie bitte? Nichts hindert mich?"

„Ja", antwortete die Stimme erneut, „nichts hindert dich."

Ehrlich gesagt verstand ich in diesem Augenblick meine Welt nicht mehr. Jahr um Jahr hatte ich gekämpft, Jahr um Jahr hatte ich geschuftet, an mir gearbeitet, gebetet und transformiert, mich für den spirituellen Weg geöffnet, um diese Antwort zu hören: „Mich hindert nichts. Nichts!" Ich konnte mich weder hinsetzen, noch stehen und so ging ich im völligen Ausnahmezustand, Zimmer um Zimmer, durch meine Wohnung. „Mich hindert nichts. Nichts! Um Himmels willen, was geschieht nur mit mir? Was bedeutet das jetzt?"

Diese Frage sprach ich laut in den Raum hinein: „Gott Vater, sag mir bitte, was bedeutet das nun konkret, dass mich nichts hindert? Wenn dem so wäre, dann würde ja meinem Erfolg gar nichts im Wege stehen."

Für einen Augenblick war es sehr ruhig, doch dann ging die Unterhaltung leise in mir weiter: „Ja, Kind, ganz genau", bestätigte er meine Worte, „es steht dir nichts im Wege. Du glaubst es nur."

„Wie? Ich glaube das nur? Ich merke nicht, dass ich das glaube", sprach ich ungehalten weiter.

„Ja, das stimmt, du selbst merkst es nicht. Du kannst dich nur in den fragenden Gedanken erkennen. Dann, wenn du fragst: Was hindert mich? Was blockiert mich? Was muss ich noch tun? Wenn es jedoch in dir glaubt und wie du dich diesem Glauben selbst versperrst und ihn ausbremst, das erkennst du nicht. Du kannst dich nur erkennen, wenn du von diesen Fragen angetrieben wirst und dort nicht weiterkommst. Wenn du zweifelst und dadurch fragend etwas wissen möchtest. Zum Beispiel, wenn du nachfragst: ‚Wie lange noch, Gott Vater?'. In all diesen Phasen reagierst du stets unbemerkt auf eine innere Regung, die bereits vor deinen Fragen in dir aktiv gewesen ist. Der Augenblick der Regung selbst, den erkennst du noch nicht. Dort schläft es noch in dir. Deshalb kommen diese Reaktionen immer und immer wieder neu und so steigst du auch immer wieder neu darauf ein."

In mir wurde es nachdenklich und meine Emotionen wurden ruhiger. Ehrlich gesagt, erkannte ich zum ersten Mal, wie ich mit der Aussage „mich hindert nichts" meine absoluten Schwierigkeiten, ja sogar eine regelrechte Abwehr, in mir nährte. Es war schon verrückt, dies so erkennen zu können. Obwohl ich mir nichts sehnlicher wünschte, als dass mich nichts mehr hinderte, erkannte ich jetzt zum ersten Mal bewusst, dass sich ein Teil in mir massiv gegen diese Freiheit wehrte. So, als würde jemand in mir darauf bestehen, dass mich weiterhin etwas hindern müsste und ich sprach in den Äther des Raumes: „Gott Vater, ich erkenne, ein Teil in mir wehrt sich gegen deine Aussage und ich verstehe nicht, warum er das tut."

Er antwortete: „Kind, es ist ganz normal, dass du das nicht verstehen kannst. Weißt du, das lässt sich an diesem Punkt in deiner Entwicklung auch gar nicht verstehen. Hier darfst du eine ganz neue Betrachtung finden und aus deinem ‚Ich kann das nicht verstehen' darf ein: ‚Oh, schau her, es kann sich noch nicht öffnen' werden. Für heute wollen wir es so stehen lassen, es genügt, dass du dir notierst: Immer wenn du nicht verstehst, kann ein Teil in dir nicht erkennen, dass sich etwas öffnen möchte."

Erfahrungsnotiz: Was blockiert mich? **Heute darfst du erfahren, dass dich aus geistiger Sicht grundsätzlich nichts hindert. Dich hindert nichts an deinem Glück, an deinem Erfolg, auch nicht an deinem Wohlergehen. Du kannst dies höchstens glauben, dich darin aufhalten, verhaken, verstecken, verteidigen oder dich dadurch selbst kleinhalten. Wenn du für dich erkennen kannst, wann dein Unwohlsein und deine Fragen verstärkt aufkommen, ist dies ein klarer Hinweis darauf, dass sich eine Ebene im Kräftehaushalt noch nicht selbst befreien konnte. Wisse: Keine Antwort auf deine Fragen öffnet Kräfte. Kräfte öffnen sich dann, wenn du im gegenwärtigen Geschehen in dir ankommen kannst. Wenn du also merkst, dass du etwas nicht verstehen kannst, sprich laut aus: „Ah okay, ich erkenne: Ich bin im Verstehen-Wollen, dann kann mein Tagesbewusstsein nicht erkennen, dass in mir gerade versucht wird, Öffnung zu ermöglichen."**

Übung No.1: *Halte an, wenn du verstehen möchtest*

Kapitel 2: Der Widerstand

„Kind, wisse", sprach Gott Vater weiter, „in deiner Entwicklungsphase geht es jetzt darum, dass du realisieren kannst, wann du in deinem Fragenkarussell feststeckst. Ich möchte dich fragen: ‚Was geschieht in dir, bevor du in das Karussell einsteigst?'"

„Oh", antwortete ich, „das kann ich so gar nicht sagen."

Gott Vater klärte mich auf: „Diesen Moment erkennst du noch nicht, deshalb kommen deine penetranten Fragen und das ‚Ich kann das nicht verstehen' immer wieder neu in dir auf. Dieses Karussell gilt es anzuhalten. Du darfst nun lernen, in dir anhalten zu können. Immer wenn du realisieren kannst, dass es aktiv ist, beginnt schon deine ganzheitliche Öffnung.

Ich zeige dir, wie du dein Karussell anhalten, den Gedankenstrom unterbrechen und deinem ‚Ich kann das nicht verstehen' eine ganz neue Betrachtung ermöglichen kannst. Bitte halte dir immer wieder vor Augen: Wenn du etwas nicht verstehst, dann kann das Tagesbewusstsein in diesen Momenten nicht ‚sehen', was in dir vorgeht. Es ist so, als würde ein Teil von dir vor einer Wand stehen, der nicht erkennen kann, dass er dort vor einer Wand steht. Auch hier möchte ich dir helfen, zu erkennen, wann bei dir der Moment greifbar nahe ist.

Was dich derzeit quält, ist nicht wirklich dein ‚Ich kann das nicht verstehen', sondern das, was dich am meisten belastet, ist vielmehr eine gestaute Kraft, die sich bisher noch nicht lösen konnte. Sie ist es, die das Karussell einschaltet und zum Drehen bringt. Wenn du diese Kraft gelöst hast, hat das Karussell ausgedient und du kommst dem Teil, der blind vor der Wand steht und nicht erkennen kann, dass er dort steht, ganz nahe. Er kann erwachen und deine schöpferische Lebensquelle entfaltet sich wie eine wunderschöne Lotusblume. Wir gehen nun Schritt für Schritt, bis sich die Blume in dir öffnen kann.

Schau mal, ich möchte dir etwas zeigen: Es gibt in dir eine ganz natürliche Bremse. So wie die Handbremse eines Autos oder die eines großen Zahnrades.

Diese Bremse ist bei dir noch geschlossen und dein Tagesbewusstsein hat keinen Zugriff auf diese Bremse. Sie weiß noch nicht einmal, dass es diese Bremse gibt. Sie ist zwar da, aber unerreichbar. Diese Bremse hält deine Urkraft zurück, bis sich dein Kräfte- und Seelenhaushalt vollkommen reguliert haben.

Deine schöpferische Kraft möchte schon seit Langem in dir aufsteigen und sich entfalten, kann es aber nicht, weil diese Bremse fest angezogen ist. Dadurch wird deine schöpferische Kraft immer wieder ausgebremst, angehalten und stets aufs Neue zurückgewiesen. Es kommt zu einem großen Widerstand im Kräftehaushalt und zu Spannungen im Seelenhaushalt.

Die Wellen des Widerstandes bekommst du in deinem Sein zu spüren. Deine Gefühls- und Gedankenwelt schalten sich ein und deine Fragen nach dem Warum, Wieso und Weshalb melden sich. Dein Tagesbewusstsein bekommt dieses große Geschehen nur am Rande mit. Es kann gar nicht erkennen, was im Kräftehaushalt vor sich geht. Deinem Denken fällt es dadurch sehr schwer, verstehen zu können, warum es diesen Widerstand gibt. An diesem Punkt gibt es die Frage ‚Was geht hier eigentlich vor sich?' an deine Persönlichkeit weiter. Deine Persönlichkeit wird wach und versucht nun über Tage, Wochen und Jahre hinweg, eine Erklärung zu finden. Dazu findest du auch ganz viele Ansatzpunkte, Vermutungen, Geschichten und Erklärungen. Diese öffnen jedoch den darunter liegenden Widerstand und auch die Bremse nicht. Sie schenken dir nur eine vorübergehende Erleichterung, aber keine tiefgreifende Wandlung, Erfüllung oder Erneuerung. Was dir Erleichterung oder Erneuerung schenkt, ist die Öffnung im Kräftehaushalt. Öffnung dann, wenn der Widerstand kommt.

Dieser Widerstand löst immer eine Reaktion aus. Diese kann stumm, leise oder erschreckend laut sein. Schnell, langsam, schleichend oder standfest. Nass, feucht, nebulös oder feurig heiß. Wissend, erklärend, verweigernd oder fragend. Die Reaktionen auf den Widerstand können sich ganz verschieden darstellen, mitteilen und ausdrücken.

Wenn du heute das Gefühl hast, du bist im Widerstand, bist du nicht wirklich im Widerstand des Kräftehaushalts, sondern du befindest dich im Clinch mit deinen Reaktionen. Dies gilt es, zu realisieren. In deinen Reaktionen darfst du anhalten, damit sie sich selbst regulieren können. Immer wenn du realisieren kannst „Ah ich stecke in einer Reaktion", konnte jemand in dir anhalten und schalten (=ganzheitlich erkennen) und beginnt eine leise Öffnung zu schaffen. Dieses Schalten tust du nicht, es geschieht von selbst und ist ein Geschenk des Anhalten-, des Realisieren-Könnens. Das Schalten-Können bewegt den Widerstandspunkt. Daraus resultiert Öffnung. Der Kräftehaushalt und die schöpferischen Kräfte beginnen, sich zu entspannen. Das Gemüt wird leichter und freudiger. Fragen und der Drang, verstehen zu müssen, beruhigen sich. Die Lebensfreude steigt. Potentiale entfalten sich.

Du kommst so deiner schöpferischen Öffnung immer näher und erlebst eine noch ungeahnte Erneuerung. Wir arbeiten uns nun ganz langsam an die einzelnen Bereiche heran, bis du deine Reaktionen und den Punkt des Widerstandes auseinanderhalten kannst."

*Erfahrungsnotiz: Der Widerstand. **Meine schöpferische Kraft steigt in mir auf und möchte sich entfalten, kann es aber nicht, weil die Bremse gezogen ist. Das Tagesbewusstsein kann*** *die Bremse und die Abläufe nicht erkennen. Es kommt zum Widerstand im Kräfte- und Seelenhaushalt. Dieser Widerstand löst Reaktionen in mir aus. Der Drang nach dem Verstehen-Wollen kommt verstärkt in mir auf. Ich erkenne: Keine Frage, keine Antwort und keine Erklärung kann diesen Widerstand lösen. Ich notiere mir dazu eine ganz wichtige Botschaft: Wann immer der Drang nach dem Verstehen-, Leiden- oder Erklären-Wollen verstärkt in mir aufkommt, bin ich zuvor vom Widerstand berührt worden und stecke nun in den Reaktionen fest. Ich realisiere: Jetzt ist es Zeit für eine Übung: Ich stelle mich ganz nah an eine Wand und sehe sie an. Dadurch kann meine Ganzheit (Körper, Seele, Geist, Kräftehaushalt) erkennen: Da, wo ich eingebunden bin, und da, wo ich stehe, geht es jetzt nicht weiter. Es ist so als würde jemand an einer Wand stehen und nicht erkennen können, dass er an einer Wand steht. Er möchte weiterkommen, spürt jedoch die Begrenzung. Er kann räumlich nicht erkennen, was ihn hindert.*

Übung No.2: Die Bewusstwerdung

Kapitel 3: Das große Nicht-Verstehen

Einerseits hatte ich nun ein Bild dafür, was sich im Hintergrund abspielte, andererseits fehlte mir die Klarheit für meine Situation. Dies teilte ich Gott Vater auch mit: „Ich erkenne nun, dass sich in mir viel bewegt, von dem ich bisher gar nichts gewusst habe. Doch leider verstehe ich immer noch nicht, dass ich in mir das Gefühl habe, blockiert zu sein, mich aber nach deiner Aussage gar nichts hindert. Kannst du mir diesbezüglich Klarheit schenken? Diese Vorstellung ruft Unverständnis in mir hervor."

„Nun, Kind", sprach Gott Vater, „sag dir: ‚Ich kann meine Regungen nicht immer verstehen.'"

„Ja, das stimmt", antwortete ich, „ich kann meine Regungen nicht immer verstehen. Dem kann ich bedenkenlos zustimmen."

„Nun fahr fort und sag dir: ‚Ich wusste bisher gar nicht, dass ich mich an einer Bremse festhalte.'"

Auch diese Aussage fühlte sich stimmig an und ich bestätigte: „Ja, ich wusste nicht, dass ich mich an einer Bremse festhalte."

Als ich dies ausgesprochen hatte, kam sofort das Gefühl auf, dass ich diese Bremse in mir wahrnehmen konnte. Ich hielt kurz inne und sprach: „Ich hatte immer die Vermutung, dass ich ausgebremst werde, aber dass ich mich an etwas festhalte, das konnte ich nicht erkennen. Es fühlt sich nun greifbarer für mich an."

Gott Vater sprach: „Schön, wenn sich diese Aussage für dich greifbar anfühlt, so kann es nun beginnen, ganzheitlich in dir zu begreifen. Wenn du dieses Begreifen-Können unterstützen möchtest, kannst du dir jetzt eine große Handbremse vor deinem geistigen Auge vorstellen und dir sagen: ‚Ah jetzt sehe ich, was mich hält. Es ist eine Bremse. Sie ist fest angezogen und ich halte mich daran fest'. Schau mal, ich lasse dich etwas ganz Leichtes erkennen. Es gibt Wolken und die Sonne. Die Sonne scheint stets hinter den Wolken. Das kannst du mir glauben, denn es ist wirklich so. Wie und warum die Sonne hinter den Wolken scheint, musst du nicht verstehen. Klar, du könntest lernen, es zu verstehen, aber unabhängig davon, ob du es verstehst oder nicht, scheint die Sonne hinter den Wolken. Du könntest mich jetzt fragen: ‚Gott Vater, sag mir bitte, warum scheint die Sonne hinter den Wolken?', das darfst du gerne und auch immer wieder fragen, aber das ändert letztendlich nichts daran, dass sie dort scheint. Schau bitte her, dein ‚Ich kann es nicht verstehen' ist eigentlich ein ;Gott Vater, ich kann in mir noch nicht erkennen, dass ich eine strahlende Sonne in mir habe.'"

„Aha", unterbrach ich seine Botschaft, „ich kann noch nicht erkennen, dass ich eine strahlende Sonne in mir habe."

„Ja, Kind", antwortete er, „du weißt zwar alles über die Sonne, aber deine Kraft und dein blinder Fleck im Tagesbewusstsein können sich in ihr noch nicht bewusst erkennen."

Einen Augenblick lang war es ruhig, es dachte in mir und ich wollte wissen: „Wenn diese Sonne schon in mir strahlt, dann muss ich nichts dafür tun, dass sie in mir scheint."

Gott Vater klärte mich auf: „Die Sonne scheint bereits, dafür musst du nichts tun. Das hast du gut erkannt. Du darfst dich in der Sonne sehen und erkennen. Weißt du, über die Sonne Bescheid zu wissen und sich darin erkennen zu können, ist ein himmelgroßer Unterschied. Schau hin!

Nehmen wir an, du würdest von der Sonne und ihren wunderbaren Eigenschaften wie Heilung, Erfolg, Selbstwertgefühl und Glück erzählen, dann wäre es so, als würdest du eine Scheibe in der Hand halten, die in diesem Augenblick einfach über das Phänomen Sonne spricht. Wenn du die Sonne und das Glück, die Liebe und die Freude in dir fühlen kannst und erzählst, was du bezüglich der Sonne alles gefühlt hast, dann hältst du auch eine Scheibe in der Hand, die für deine Gefühlswelt spricht. Damit du selbst deiner strahlenden Sonne Ausdruck schenken kannst, darfst du die Sonne in dir aufgehen sehen. Hast du dich in deiner Sonne schon gesehen?

Viele würden mir jetzt antworten und sagen: ‚Ja, wenn ich meditiere, dann wird es hell.' Das stimmt, doch dieses Licht meine ich nicht. Ich möchte einfach nur von dir wissen: Hast du dich in deiner aufgehenden Sonne selbst schon gesehen?

Antworte nicht, sondern freue dich auf diesen Tag an dem du es erleben kannst. Wir arbeiten uns nicht nur an die Bremse heran, sondern auch an das Sonnenlicht, so dass du dich in deinem Licht erkennen kannst. Dein inneres Sonnenlicht ist der Magnet, der dir helfen kann, die Bremse und die Lotusblume zu öffnen. Doch auch hier gehen wir Schritt für Schritt."

Worauf du vorübergehend dein Augenmerk lenken kannst, sind deine Wolken. Ich weiß, die Sonne interessiert dich, jetzt, wo du erkennst, dass es um viel mehr geht. Wir können aber noch nicht an der Sonne arbeiten, denn manchmal steckst du zu sehr in einer Wolke fest. Deshalb fangen wir dort an, wo du bist und nicht dort, wo du so gerne sein möchtest.

Bitte beobachte dich und realisiere in den kommenden Wochen nur, wann du in den Wolken bist! Dies zu tun ist der Anfang einer großen Erneuerung.

Eigentlich musst du nichts tun, damit sich die Wolken verziehen. Das macht die Natur von selbst. Nur, wenn du in einer Wolke steckst oder mit ihr auf die Reise gehst, hast du eine

Herausforderung zu meistern. Du darfst dich fragen: Wie komme ich aus der Wolke wieder heraus?

Nun, wie kommt man aus den Wolken heraus? Du brauchst vielleicht jemanden, der dich ärgert und so lange anstupst, bis du freiwillig wieder herauskommst. Vielleicht brauchst du Unterstützung, damit du die Wolke verlassen kannst. Du könntest auch warten, bis sich deine Wolke und die dort angesammelte Energie durch ein Gewitter selbst entladen können.

Eigentlich ist es ganz einfach, aus den Wolken herauszukommen. Du musst realisieren, dass du in einer Wolke bist. Viele Menschen erkennen dies gar nicht.

Vielleicht möchtest du dir als Stütze diese Botschaft notieren: Wann immer mich meine nervigen Fragen und Emotionen gepackt haben, steckt mein Kopf bereits in einer Wolke. Realisiere für dich, wenn du verstärkt fragend, emotional erregt oder unwissend bist: „Wo bin ich denn gerade wirklich?" Ah, na klar, ich bin in einer Wolke, okay. Es ist Zeit, anzuhalten."

Du kannst dazu auch folgende Übung machen: Stell dir bitte zwei Hula-Hoop-Reifen auf dem Boden vor oder lege tatsächlich auch zwei dort ab. Ein Kreis symbolisiert die Wolke und ein Kreis die Sonne. Ich halte mir vor Augen: Wenn es in mir nicht rund läuft, dann bin ich nicht im Kreis der Sonne. Dann bin ich im oder am Kreis der Wolke. Ich gehe dann zum Kreis der Wolke. Wie ist mein Gefühl? Ich gehe um den Kreis herum. Möchte ich mich dort hineinstellen oder vielleicht hineinsetzen? Ich folge meiner Intuition. Das Ziel ist es, irgendwann zum Kreis der Sonne zu gehen. Das mache ich dann auch. Ich verlasse dazu den Kreis der Wolke ganz bewusst und komme im Kreis der Sonne an. Ich stelle mich dort hinein. Der Sinn der Übung ist das eigentliche Tun. Durch diese Übung lernen und beobachten ganz viele Bereiche in dir, ohne dass dir das gleich bewusst ist. Ein weiteres Ziel ist deine Wahlmöglichkeit: Möchte ich heute in der Wolke sein oder nicht? Solange wir nicht erkennen, dass wir in der Wolke sind, können wir auch nicht wählen, ob wir uns dort aufhalten wollen oder nicht. Du musst während der Übung keine Zusammenhänge verstehen können, auch nichts Bestimmtes fühlen oder erkennen. Es ist eine hochwirksame Übung, die sich über die ganzheitliche Ebene hinausbewegt. Streiche, während du die Übung machst, alle Warum-, Wieso-, Weshalb-Fragen aus deinem Kopf. Bei der Übung steht das Tun im Zentrum.

Erfahrungsnotiz: Das große Nicht-Verstehen. **Damit die Sonne in mir strahlen kann, muss ich nichts tun, denn sie strahlt bereits. Ich kann es nur nicht immer sehen. Damit sich die Wolken verziehen, muss ich nichts tun. Es ist Sache der Natur. Ich darf nur nicht in ihnen stecken bleiben und mit ihnen auf eine Reise gehen. Wann immer ich verstärkt fragend bin, steckt mein Kopf bereits in der Wolke. Ich möchte realisieren können, wann ich mich in der Wolke befinde. Dazu stelle ich mir einfach nur die Frage: „Wo bin ich gerade wirklich?" Diese Frage lässt mich im wirkenden Geschehen erst einmal anhalten, so kann ich einerseits lernen, dem Wirkenden Raum zu schenken, damit sich die Wolken vor der Sonne wieder verziehen können. Dazu könnte ich mich auch spielerisch fragen: Befinde ich mich gerade in einer Wolke? Sitze ich obendrauf? Bin ich vielleicht in der Wolke eines anderen Menschen? Ich möchte realisieren können, wo ich bin. Das ist wichtig, denn wenn ich es realisieren kann, dann kann ich anhalten und aus den Wolken aussteigen.**

Übung No.3: Wo bin ich gerade wirklich?

Kapitel 4: Die systemische Bremse

„Weißt du, Kind", erzählte Gott Vater weiter, „wann immer der Mensch sich eine Veränderung wünscht oder seine schöpferischen Kräfte befreien möchte, kommt auch immer die große, systemische Bremse in Bewegung. Diese rührt sich auch dann, wenn die Ursonne den Menschen berührt.

Diese Bewegung kann manchmal Angst, Unsicherheit oder Verweigerung auslösen. Weißt du, es gibt einen ganz natürlichen Teil im Menschen, der mag die große Ursonne überhaupt nicht."

„Wie, etwas in mir mag die Ursonne nicht?", wollte ich wissen.

„Ja, Kind, du hast es richtig vernommen, in dir mag etwas die große Ursonne nicht", bestätigte er. „Kennst du das Sprichwort ‚Die Sonne bringt es an den Tag'? Davor fürchtet sich ein ganz alter Teil im Menschen und immer, wenn sich die Sonne öffnen möchte, hält ein Teil der Seelennatur lieber an der alten Bremse fest, als dass Öffnung geschehen kann."

„Gott Vater, jetzt muss ich dich etwas fragen: Hat eigentlich jeder Mensch so eine Bremse?"

„Nun, Kind, wie soll ich dir das am einfachsten beantworten? Okay, ich fasse mich kurz. Solange der Vater eines Kindes nicht Buddha ist, kannst du davon ausgehen, dass das Kind eine natürliche Bremse in sich hat und wenn die Mutter nicht Maria war, gibt es diesen Teil im Menschen, der diese Ursonne gar nicht mag."

Okay, dachte ich, das war eine klare Antwort und ich reflektierte. „Also mein Vater ist kein Buddha und meine Mutter auch nicht Maria."

Doch er ignorierte meine Bemerkung und setze seine Botschaft fort: „Wisse, auf jeden natürlichen Sonnenstrahl aus der Ursonne reagiert die natürliche Bremse im menschlichen System. Wird die Bremse berührt, folgt immer eine Reaktion. Diese Reaktion und ihre Auswirkungen sind von Mensch zu Mensch ganz unterschiedlich. Du musst das jetzt nicht verstehen, ich begleite dich Schritt für Schritt hindurch und du wirst immer mehr Klarheit bei diesen Abläufen bekommen."

„Ja, und was kann ich tun, damit die Bremse sich löst?"

Gott Vater klärte mich auf: „Aus geistiger Sicht, kann ich dir nur sagen, nichts kannst du dafür tun. Das unterliegt der göttlichen Ordnung und ist von mehreren Faktoren abhängig, die gar nicht einfach zu erklären, aber dafür ganz leicht und spielerisch zu ordnen sind. Doch du ordnest sie nicht mit deinen Händen, auch nicht mit deinem Geschick. Du darfst lernen, sie zu erkennen.

Damit sie sich für dich ordnen können, kannst du immer wieder in deinen unrunden Regungen ankommen. Wie das geht, erkläre ich dir noch. Was du am jetzigen Punkt in deiner Entwicklung machen kannst, ist, zu realisieren. **Wann immer du in deinen Fragen feststeckst, gilt es, dort kurz anzuhalten.**

Allein dadurch, dass du erkennen kannst, wann du dich „im nervigen Fragestellen" befindest, beginnt dein großes natürliches Erkennen-Können. Das Erkennen-Können bezieht sich nicht darauf, dass du wissen musst, was genau in dir vor sich geht, sondern nur darauf, dass du es realisieren kannst.

Kind, wir lassen es erst einmal so stehen und wenn du das nächste Mal in deinen Gedanken sowie in deinen kreisenden Mustern feststeckst, werde ich erneut zu dir sprechen und dich erkennen lassen, was dir das kurze Anhalten ermöglichen kann".

Die geistige Welt schenkt uns eine Botschaft: Ihr könnt euch Schritt für Schritt an das ganzheitliche Erwachen sowie an das große Sonnentor herantasten. Es ist jener Ort, an dem die Sonne immer scheint, unabhängig ob sich Wolken vor die Sonne geschoben haben oder nicht. Je nachdem, wie ein Mensch in seinen Kräftehaushalt eingebunden ist, möchte ein Teil in ihm jedoch gar nicht in die freie Sonnennatur zurück, denn dort sind die ältesten Erinnerungen und Vorstellungen von Schuld, Sünde, Scham, Versagen oder Verlust der Seelennatur gespeichert.

Ich möchte es dir in etwa so erklären: Eine Seele verfügt über eine weibliche, männliche und eine freie kindliche Natur. Die weibliche Seite der Seele ist dazu geneigt, zu glauben, wenn die Sonne scheint, wird das, was sie heimlich gebunden hält und unterdrückt, im Außen für alle sichtbar sein. Die männliche Seite hingegen befürchtet, man könnte ihm die Sonne stehlen oder diese schmälern. Die kindlichen Anteile der Seele möchten spielen, tanzen, ausprobieren, frei sein, das Leben feiern und frohlocken. Doch es hält sich viel zu oft zurück oder wird zurückgehalten.

Die Angst, die Sonne oder den Gott in sich zu verlieren, ist bei jeder Seele sehr, sehr groß. Es ist die urälteste Angst im Menschen, unabhängig davon, ob er heute an Gott glaubt oder nicht. Dies ist einer der Gründe, warum sich die Seelennatur lieber bedeckt hält oder die Sonnennatur vordergründig ablehnt.

Viele möchten aus dieser ältesten Angst heraus und aus weiteren kaum nachvollziehbaren Gründen viel lieber in oder auf den Wolken sitzen bleiben. Sie wissen, solange sie in den Wolken sitzen, kann die Bremse noch lange, lange halten. Wahrlich, sie wird sich dann nicht öffnen können.

Für manche ist die Wolke auch so etwas wie eine göttliche Hängematte. Von dort aus gestalten sie sich dann eine ganz eigene Sonne: die der himmlischen Zuversicht, der Esoterik und des himmlischen Gottvertrauens. Sie wollen gar nicht zur großen Ursonne und ihrer schöpferischen Kraft in sich zurückkehren. Es ist ihnen viel zu anstrengend und zu intensiv.

Bisher störte sich niemand daran, ob jemand in der Wolke beheimatet war oder nicht. Aber seit dem Jahr 2000 haben sich der Kräftehaushalt und das Zusammenspiel von Körper, Seele und dem Geist in der Inkarnationsebene (= wie der Mensch im Schicksalsfeld und im Leben eingebunden ist) enorm verändert. Das liegt daran, weil der Mensch immer mehr von der großen Ursonne und ihren Kräften bewegt wird - ob er das will oder nicht. Es geschieht einfach und lässt sich nicht aufhalten.

Diese Bewegung bringt unseren Kräftehaushalt ganz schön durcheinander und der schon vorhandene Widerstand verstärkt sich um ein Vielfaches. Wie schon erwähnt, löst dieser Widerstand starke Reaktionen im Menschen aus und so mancher fällt bei diesen Prozessen buchstäblich aus allen Wolken.

Diese energetischen Veränderungen und die Vorgänge im Kräftehaushalt bekommt der Mensch immer mehr zu spüren. Er nimmt wahr, dass sich etwas Großes zu verändern beginnt und versucht, sich das zu erklären. Dank der spirituellen Erkenntnisse kann er auch Zusammenhänge für sich erfassen und Erleichterung spüren, doch die große Kraft kann er dadurch nicht öffnen.

Die markantesten Stellen, an denen ein Mensch von der Sonnenkraft am stärksten berührt wird, sind die bereits erwähnte natürliche Bremse im Kräftehaushalt sowie der stumme, blinde Fleck im Tagesbewusstsein. Wird der Mensch im blinden, stummen Fleck (= der schlafende Buddha) berührt, kann ein Teil im Tagesbewusstsein überhaupt nicht nachvollziehen, was in diesen Momenten wirklich in ihm vor sich geht.

Es ist, wie schon in Kapitel 2 erwähnt, für das Tagesbewusstsein so, als würde jemand an einer Wand stehen und nicht erkennen können, dass er an einer Wand steht.

Dieser Punkt des Nicht-erkennen-Könnens kann über zwei Bereiche berührt werden. Er kommt zum einen aus der Ebene der Bremse im Kräftehaushalt sowie aus dem blinden Fleck in der Gehirnstruktur. Wird der Punkt des Nicht-erkennen-Könnens berührt, löst dies meist ein Nicht-verstehen im Menschen aus. Steigen wir auf das Nicht-verstehen auf, entfernen wir uns vom eigentlichen Punkt, der erwachen möchte. Hier darf man wachsam sein und in seinen Regungen immer wieder kurz anhalten.

Die himmlische Geschichte hilft dir Einblicke in diese Vorgänge zu bekommen. Es wird verständlich, an welchem Punkt der Entwicklung das Forschen-, Analysieren-, Verstehen- und Ergründen-Wollen im ganzheitlichen Erwachen völlig sinnlos sind.

Wir erforschen im ganzheitlichen Erwachen weder Ursache noch Wirkung. Wir unterdrücken keine aufkommenden Fragen, sondern begrüßen sie völlig neutral, steigen aber nicht auf sie ein. Der neutrale Umgang mit ihnen ist wichtig, denn aufkommende Fragen und ihre Reaktionen melden sich gewohnheitsbedingt immer wieder gerne. Sie dürfen auch immer wieder sein. Wenn sie kommen, kommen sie. Wir können sie nicht unterdrücken oder in eine Tasche stecken. Sie sind Teil des Kräftehaushaltes – nicht mehr und auch nicht weniger.

Bisher war dein Schwerpunkt, diese Dinge wissen zu wollen, sie dir erklären zu können. Warum, wieso, weshalb gibt es Wolken? Doch keine Antwort öffnet ganzheitliche Räume. Du hattest so viele Fragen. Fragen wie: Gott Vater, sag, warum gibt es eigentlich Wolken? Sag, warum ist diese Wolke jetzt vor der

Sonne? Warum kommt diese Wolke immer wieder? Warum tut sie mir nicht gut? Warum krachen bestimmte Wolken immer wieder aneinander? Haben manche Wolken wirklich ein gemeinsames Thema?

Wenn du dich in einem akuten Geschehen mit dem Warum, Wieso, Weshalb auseinandersetzt, steigst du unbedacht immer tiefer in eine Wolke hinein und deine Bremse löst sich nicht. Im Gegenteil, sie zieht sich immer fester zu. Du kannst es dir vielleicht erklären, warum die Wolke eine Wolke ist oder wie es zu dieser Wolke gekommen ist, vielleicht sitzt du aber auch selbst oben auf der Wolke und merkst es nicht. Ist dem so, ist es nur eine Frage der Zeit, bis du wieder unzufrieden, unruhig, genervt oder unglücklich bist.

Du fragst stets nach dem Warum, Wieso, Weshalb, aber nicht: „Gott Vater, kann ich eigentlich schon erkennen, wann ich in einer Wolke bin? Was war zuvor? Was regte sich dort?"

Vielleicht möchtest du dich an diesen Satz anschmiegen: Wann immer meine Störquelle sich meldet, möchte mich zeitgleich auch immer jemand an meine Sonne erinnern. Was wähle ich in diesen Momenten? Die Sonne oder die Wolken (= die Reaktionen auf den Widerstand)? Habe ich schon eine Wahl oder packt mich die Wolke einfach?

Schau mal, wie es bei dir ist, wenn es nicht so läuft, wie du es gerne hättest! **Möchtest du in diesen Momenten wissen, was dich hindert oder fragst du, wie du zur Sonne kommen kannst?**

Diese himmlische Geschichte möchte dich erkennen lassen, wie du für dich den Augenblick in dir erkennen kannst, wann dich die Wolke mehr fasziniert als die große Sonne selbst. Durch leichte, aber effektive Übungen kannst du erkennen, wann du in der Wolke bist und wie du dich deiner Bremse und deiner wunderbaren Sonnennatur (= deiner schöpferischen Vollmacht) spielerisch nähern kannst.

Die große Sonne ist pure schöpferische und intelligente Kraft. Sie öffnet Leben, Raum und Wunder. Sie öffnet und vollendet Heilwerdung und Erneuerung. Sie öffnet dir das Leben, so wie du es für dein Inkarnationsziel brauchst.

Erfahrungsnotiz: Die systemische Bremse. **Im eigentlichen Akt des ganzheitlichen Erwachens geht es darum, dass die große Sonne wieder frei durch dich hindurchscheinen kann. Manchmal schieben sich im Leben einfach Wolken vor die Sonne, das ist ganz normal und Wolken wird es, solange wir leben, auch immer wieder geben. Die Frage ist nur: Steigst du auf sie ein oder nicht? Im ganzheitlichen Erwachen geht es nicht darum, dass wir eine Methode erlernen, die uns dauerhaftes Glück verspricht. Nein, darum geht es nicht. Es geht darum, dass wir immer wieder ins Glück und zur großen Sonne in uns zurückkehren können. Was zieht dich mehr an: die Wolke oder die Sonne? Es ist nicht nur ungesund, in den Wolken zu verweilen, es ist auch reine Zeitverschwendung, sich dort aufzuhalten. Warum beschäftigst du dich mit Wolken, wenn du eine große Sonne des Glückes, der Liebe und des Wohlergehens in dir hast? Sich vorzunehmen, nie mehr in die Wolken einzusteigen, setzt uns immens unter Druck und das gelingt auch nicht. Wir können jedoch immer leichter erkennen, wann wir in der Wolke sind und können sie so auch wieder verlassen. Manchmal begegnen uns Menschen, die gerade mit ihren eigenen Wolken sehr beschäftigt sind. Sie laden uns ein, ihre Wolken verstehen zu wollen. Sie laden uns sogar ein, zu ihnen in ihre Wolke zu kommen. Steig bitte nicht** *in die Wolken anderer Menschen ein, sie können dich zu sehr verwirren und dich lange Zeit energetisch festhalten. Bedenke bitte: Du kannst die Wolken des anderen nicht heilen oder diese für ihn vertreiben. Lass vielmehr deine innere Sonne strahlen, so dass auch die, die noch ihre Wolken tragen, eines Tages wieder in ihre eigene Sonnennatur zurückkehren können. Wisse: Ziehende Wolken halten automatisch an, wenn du erkennst, dass dich etwas in den Bann genommen hat. Dann, wenn es emotional unrund in dir ist. Dort gilt es, anzuhalten, denn du kannst erst dann aus den Wolken aussteigen, wenn du merkst, dass du in der Wolke bist. Deshalb frage dich, wenn es unrund in dir ist: Wo bin ich eigentlich wirklich?*

Übung No.4: *Komm in der Wolke an*

Kapitel 5: Erkenne, wo du bist

Obwohl ich wusste, dass mich eigentlich nichts hinderte, kam dennoch wieder der Tag, an dem mich meine kreisenden Themen wieder voll im Griff hatten. Ich erkannte diesmal aber bewusst, dass ich mich in meinen Gedankenkreisläufen verhakt hatte.

Gott Vater sprach zu mir: „Kind, was machst du denn gerade?"

Ich sagte: „Denken. Es denkt mal wieder durch mich hindurch. Was hindert mich, was blockiert mich, was muss ich noch tun? Was mache ich nur falsch?"

Gott Vater sagte. „Ja, Kind, dann mach das doch mal!"

„Wie?" fragte ich erstaunt.

„Dreh dich. Geh dazu in dein Wohnzimmer und dreh dich dort im Kreis, sprich dabei laut: ‚Oh, es denkt kreisend durch mich hindurch.'"

Ich fand die Übung recht albern, aber ich habe sie gemacht. Ich ging in mein Wohnzimmer und drehte mich gehend im Kreis. Während ich das tat, sprach ich laut: „Gott Vater, es denkt durch mich hindurch und ich drehe mich im Kreis."

Während ich mich so im Kreis drehte, hörte ich eine tiefe, innere Realisation, die erwiderte: „Ja, das stimmt."

„Es kreist durch mich hindurch, die Fragen, sie kommen, sie lassen mich kreisen."

„Ja, das stimmt."

„Ich denke immer wieder nach den gleichen Mustern: Was hindert, was stört, was blockiert mich, warum habe ich noch keinen Erfolg."

Gott Vater sagte: „Kind, bleib doch mal stehen."

Ich blieb stehen, stampfte augenblicklich mit den Füßen und sagte energisch: „Warum, warum kann ich es nicht?"

Gott Vater sagte: „Was machst du denn gerade?"

„Ich bin wütend, ich stampfe mit den Füßen."

Er sagte: „Ja, du stampfst mit den Füßen, aber in Wahrheit willst du mit dem Kopf durch die Wand, Kind, aber du merkst es nicht."

„Ich? Mit dem Kopf durch die Wand? Das merke ich wirklich nicht", stellte ich erstaunt fest.

„Ja, du merkst es nicht. Schau hin, es ärgert dich, dass du es bisher noch nicht geschafft hast. Dann stell dich doch mal in eine Zimmerecke, leg beide Hände an die Wände und den Kopf dort in die Zimmerecke. Leg ihn sanft in die Ecke hinein und sag: ‚Gott Vater, mit aller Gewalt, will ich da durch.'"

Mir erschien auch diese Übung ziemlich albern, aber sie kam so eindringlich und lebendig, dass ich mich, ohne lang darüber nachzudenken, auch wirklich an die Wand gestellt habe. Ich legte den Kopf in die Zimmerecke und habe mit beiden Händen fühlbar gegen die Wände gedrückt. Dort begann sich etwas in mir zu regen und ich sprach: „Gott Vater, ich will hier durch."

Er sagte: „Kind, wenn du da durch willst, hast du ein Problem, denn wenn ich das zulassen würde, würdest du im Garten landen und zwar aus dem dritten Stockwerk. Oh je, das tut bestimmt weh. Weißt du jetzt, warum ich dir diesen heimlichen Wunsch nicht erfülle?"

Ich hielt inne, dort an der Wand stehend, wurde meinem Inneren etwas bewusst und ich sprach: „Gott Vater, ich habe das Gefühl, da, wo ich stehe, komme ich gar nicht weiter.

Da, wo ich stehe, komme ich nicht an mein Ziel."

Und er sagte: „Ja, Kind, da, wo du stehst, kommst du nicht an dein Ziel. Ganz genau. Weißt du, das hat ein Teil in dir immer bemerkt, nur du konntest es in dir nicht erkennen."

„Aha", sagte ich nachdenklich, „und was kann ich jetzt tun?"
„Was willst du denn tun, Kind?", fragte mich Gott Vater.
„Was habe ich denn für eine Wahl?"
„Was hast du für eine Wahl, wenn du merkst, dass es dort, wo du stehst, nicht weitergeht? Nun, dreh dich doch mal um."

Ich drehte mich um und ich bemerkte so etwas wie eine Grenze. Ich bemerkte, dass ich mich in dem starken Wunsch, endlich eine Veränderung erreichen zu können, selbst begrenzt hatte. Ich habe diese Grenze dort, wo ich stand, zum ersten Mal deutlich gespürt und fühlte mich wie in einem gläsernen Gefängnis. Es war, als könnte ich diese Gefangenschaft wirklich sehen. Als könnte ich es greifen und in mir konnte wirklich etwas zum Begreifen übergehen. Ich konnte fühlen, wie es innerlich klick gemacht hat.

Gott Vater sagte: „Kind, sag mir, dort, wo du stehst, was willst du wirklich?"

Einen Augenblick lang war ich sprachlos, denn ich konnte ihm gar nicht sagen, was ich wollte. Ich sprach: „Gott Vater, ich kann es jetzt nicht benennen."

Und er antwortete mir: „Okay, das kann ich gut verstehen. Ich schenke dir eine andere Frage. Sag mir bitte: Was kann ich für dich tun?"

Auf diese Frage konnte ich spontan antworten: „Gott Vater, hol mich bitte hier raus."

Daraufhin entgegnete er mir: „Ja, das mache ich sehr gerne. Erkennst du nun, ich kann dich erst herausholen, wenn du stehen bleibst und wenn du aufhörst, mit deinen Stierhörnern durch die Wand zu wollen."

„Okay. Und jetzt?", wollte ich wissen. „Verändert es sich jetzt morgen früh?"

„Nein, Kind, warte. Gib dir Zeit und Raum. Lasse den Alltag auf dich zu kommen, ich werde dich erneut rufen."

Die geistige Welt schenkt uns eine Botschaft: Wir zeigen dir Übungen, wie dein vorhandenes „Glücklich-Sein" aus dir hervortreten kann. Es kann durchaus sein, dass ein Mensch durch ein inneres oder äußeres Geschehen mehr oder weniger stark in seinem Kräftehaushalt angehalten oder immer wieder neu verunsichert werden kann. Hat ihn ein Geschehen durch den Kräftehaushalt bereits im Griff, löst dies stets eine starke Bewegung in ihm aus.

Allein die Tatsache, dass ihn etwas im Griff hält, aktiviert ein „energetisches Wirken" und so entstehen im Menschen verschiedene Reibungspunkte. Vollzieht sich das energetische Wirken in der Wechselwirkung von Sein, Denken und Fühlen, sprechen wir auch von einem Muster.

Wirkt es immer und immer wieder, kann aus einem wirkenden Muster schnell eine Gewohnheit werden. Ist ein Muster zu einer Gewohnheit geworden, kann es für den Menschen schwieriger sein, in seiner wirkenden Gewohnheit anzuhalten. Hierfür darf sich der Mensch sensibilisieren und sich Zeit für das Erkennen und Reifen nehmen.

Erfahrungsnotiz: Erkenne, wo du bist. Es ist sehr hilfreich, sich in eine Position zu bringen, in der man sich bewegen kann, denn dadurch lernt unsere Gehirnstruktur, ganzheitlich begreifen zu können. Alles, was wir begreifen können, können wir auch halten. Was wir halten können, können wir auch wieder loslassen. Wenn wir gehen, können wir stehenbleiben. Wenn wir schweigen, dann können wir auch wieder reden. Das Anhalten ist der Anfang der Erneuerung. Wenn wir uns in die gegenwärtige Position bringen, werden alle Sinne mitgenommen. So öffnet sich der ganzheitliche Raum in uns.

In ihm schlummern die Offenbarung, die Lösung und die Erneuerung. Sie möchten aus uns hervortreten. Ich erkenne, wenn ich immer wiederkehrende Fragen habe, drehe ich mich „energetisch" im Kreis. Es ist wie eine wirbelnde Energie im Kräftehaushalt, dich mich dazu antreibt, jetzt denken, mich hinterfragen oder leiden zu wollen. Ich kann den energetischen Wirbel stoppen, wenn ich erkenne, dass ich im Wirbel bin. Dazu stelle ich mich in den Raum und drehe mich wirklich im Kreise. Dabei spreche ich aus, was mich antreibt und dann halte ich an. Im Anhalten geschieht die innere Realisation. Diese Realisation ist heilsam.

Übung No.5: *Energetisches Wirken anhalten*

Kapitel 6: Bring dich in deine Position

Eines Morgens hatte ich keine Lust aufzustehen und blieb einfach im Bett. Schmollend und enttäuscht zugleich betrachtete ich meine Entwicklung. Nie hatte ich aufgegeben. Nie. Kein einziges Mal. Immer wieder neu hatte ich mich ans Werk gemacht, war immer wieder fleißig, transformierte, betete und meditierte, sprach mit Gott Vater, aber nichts, nichts hatte sich verändert. In diesem Moment wurde mir klar: Ich will nicht mehr! Ich nahm das Deckbett, zog es über meinen Kopf und sagte laut: „Mir reicht es. Ich habe keine Lust mehr. Aus die Maus! Finito!"

Die Stimme kam und sagte: „Kind, wo bist du denn gerade?"

„Na, im Bett", antwortete ich trotzig.

„Ja, aber Kind, was machst du denn gerade wirklich?"

Ich wollte die Stimme ignorieren, aber es ging nicht.

„Kind, wo bist du?"

Es wurde langsam unruhig in mir.

„Hey, sag mir doch bitte, was du da machst!"

„Ich liege unterm Deckbett."

„Aha, du liegst unterm Deckbett. Wow", sagte die Stimme. „Und bringt dich das weiter?"

Ich drehte mich um und sagte: „Nein. Es ist mir aber egal, ob mich das jetzt weiterbringt oder nicht. Ich habe keine Lust mehr."

„Aha, du möchtest nicht mehr", sprach die Stimme weiter. „Darf ich dich fragen, was es sonst macht, wenn du willst, aber nicht möchtest?"

„Wie bitte? Ich verstehe diese Frage nicht", räumte ich ein.

„Na, hast du diesen Augenblick in dir schon bewusst erlebt? Du arbeitest und arbeitest, rackerst und rackerst, obwohl eine innere Kraft zu dir sagt, dass sie keine Lust hat?"

Ich stutzte, hielt an und sprach: „Nein, das habe ich noch nie erlebt."

„Dann schau mal hin. Obwohl du auf einer Ebene so eine große Bereitschaft hast, wirklich alles zu geben, gibt es auf einer anderen Ebene diesen Teil, der gar nicht möchte."

„Oh mein Gott, stimmt das?" Ich war hellwach, setzte mich aufrecht hin und konnte in dieser Öffnung tatsächlich nachvollziehen, dass ich in meinem Muster unbedingt etwas erreichen oder verändern wollte, aber dann den anderen Teil, der gar nicht wollte, überhaupt nicht wahrnahm. Bis dahin war mir das nicht klar gewesen. Ich hatte das nicht gewusst.

„Ja, Kind, jetzt weißt du es und zukünftig wirst du zu deinen Regungen auch Zugang finden können. Deine geistigen Helfer werden dich stets abholen, dir Gelegenheit geben und viele Vorschläge dazu machen, wo du denn überall sein könntest, wenn es dich packt.

Deine Frage ‚Wo bin ich denn gerade wirklich?' wird dich dabei unterstützen. Schau hin, wenn es energetisch rumort, triggert oder zerrt. Dann, wenn du fragend erregt oder verwirrt bist, frag dich: Bin ich jetzt in einem kreisenden Muster des Denkens oder Fühlens? Wenn ja, dann stell dich in ein Zimmer und dreh dich dort gehend im Kreis. Bist du emotional stark aufgewühlt, leidend oder wütend und geht es jetzt nicht so weiter, wie du es gerne hättest, dann stell dich mit dem Gesicht an eine Wand. Wenn du merkst, dass es einfach nur traurig und stumm in dir ist und dich das energetische Deckbett ergriffen hat, dann nimm eine Decke und zieh sie dir über den Kopf. Frag dich, wenn es unrund in dir ist: Wo bin ich? Drehend im Kreis, an der Wand, unterm Deckbett? Wenn du deine Position gefunden hast, wird sich jemand in dir wiedererkennen, deine Tagesstruktur wird dein Wirkendes besser greifen und begreifen können. Deine Gehirnstruktur kann durch diese Übung lernen, zu erkennen, was ganzheitlich in dir vor sich geht, und hilft dir, das nächste Mal erkennen zu können, wenn dein Wirkendes im Anmarsch ist. Solange, bis deine große Sonnennatur sich frei geöffnet hat, werden wir dich hin und wieder fragen: ‚Kind, wie ist es heute? Willst du dich heute verweigern, kämpfen oder weinen? Kind, wie lange drehst du dich im Kreis?' Solltest du dich in diesen drei Positionen nicht erkennen können, dann setz dich bitte auf einen Stuhl und sprich das Nicht-erkennen-Können aus: ‚Ich kann meine Position nicht zuordnen. Ich kann nicht erkennen, wo ich gerade bin.' Bleib bitte auf dem Stuhl sitzen und sag dir das neunmal laut sprechend: ‚Ich kann nicht erkennen, wo ich gerade bin (kurze Pause). Ich kann nicht erkennen, wo ich gerade bin (kurze Pause). '

Ja, ein Teil in mir kann jetzt nicht erkennen, wo ich bin.

Der Sinn der Stuhl-Übung ist es, den verborgenen, stummen Teil in dir zu wecken. Jener Teil, der dir entweder die Kraft entzieht, über dich bestimmt, dich antreiben oder verwirren möchte. Es ist jener Teil, den du noch nicht erkennen kannst.

Bitte versuch erst gar nicht, dir erklären zu wollen, warum du es nicht erkennen kannst und verzichte darauf, dies zu erforschen. Bleib einfach auf deinem Stuhl sitzen. Und sag dir: „Ein Teil in mir weiß jetzt nicht, wo ich bin." Schau bitte, wenn du es neunmal ausgesprochen hast, in deine Hände und sag dir: „Ich bin hier, hier bei mir und das ist gut. Ich bin für mich da."

Dadurch, dass du aussprichst, dass du es gerade nicht wissen kannst, realisierst ein Teil: *Ja, so ist es jetzt.* Die Unsicherheit wird dadurch angehalten und es beginnt sich in dir zu schalten (der Kräftehaushalt realisiert deine Abläufe, beginnt sich zu öffnen und das Göttliche tritt hervor) Das göttliche Prinzip signalisiert dir: Auch wenn du jetzt unsicher bist und nicht weißt, wo du bist, bist du doch in Sicherheit. So geschieht bereits die klärende und heilsame Öffnung und sie ist wichtig, denn sie kann wandeln.

Es geht bei dieser Übung nicht um ein fühlbares Ergebnis, sondern nur um die Fähigkeit, anhalten zu können, alles Weitere macht deine Göttlichkeit. Arbeite dich langsam durch das Anhalten-Können hindurch. Deine gegenwärtige Situation und das Alltagsgeschehen bieten dir immer wieder wunderbare Gelegenheiten, dies zu tun.

Lerne anzunehmen, dass du eine Übung ohne ein besonderes Aha-Erlebnis einfach so stehen lassen kannst. Du bist jetzt in der Phase des Anhaltens und in der Phase des ganzheitlichen Ankommens. Der tiefere Sinn der Übungen offenbart sich dir im Laufe der Zeit.

Die geistige Welt schenkt uns eine Botschaft: Bring dich in deinen akuten Momenten zuerst ins Erkennen. Ah, jetzt! Es ist soweit. Es wirkt. Ein Muster ist aktiv.

Bring dich danach in deine Position. Frag dich dazu: Drehe ich mich jetzt im Kreis, möchte ich mit dem Kopf durch die Wand, bin ich unterm Deckbett oder weiß ich nicht, wo ich gerade bin? Wo bin ich?

Bring dich wirklich in eine dieser genannten Positionen. In ihnen finden sich alle Reaktionen auf energetisches Wirken und die Verhaltensweisen wieder. Mach diese Übungen immer nur dann, wenn es spürbar „unrund" in dir ist.

Dadurch, dass du erkennen kannst, in welcher Position du bist, wird dein Inneres immer klarer erfassen können, was ganzheitlich in dir vor sich geht und so kann sich dein Kräftehaushalt entspannen. Dies erkennst du anfangs noch gar nicht. Doch immer mehr wird es sich in dir lockern und immer mehr öffnen können. Es darf in dir geschehen – unabhängig davon, ob du das fühlen kannst oder nicht.

Wenn du stumme Gewohnheiten hast – wie latente Traurigkeit, körperliches Unwohlsein, Müdigkeit oder ein In-dich-selbst-verkriechen-Wollen –, werden dir diese auch immer zugänglicher werden und du wirst dort deine Lebendigkeit wiederfinden!

Durch das Anhalten löst sich der Antrieb, Fragen stellen zu wollen oder in einen stummen, unbewussten Teil abzurutschen, immer mehr auf. Das ist eine große, sehr große Erleichterung, die eine ganzheitliche Befreiung und Öffnung der Lotusblume ermöglicht.

Rutschen wir nicht mehr in stumme Regionen hinein, steigt das Stummgewordene von selbst in uns auf. Rennen wir im wirkenden Geschehen nicht mehr weg, kommen wahre Schatzquellen zutage.

Energetisch wirkende Muster und aufkommende Fragen sind nicht nur nervig und unproduktiv, sondern auch sehr, sehr kräftezehrend und tückisch. Sie suchen immer nach einer Antwort oder nach einer Erklärung. Würdest du dich immer wieder auf sie einlassen, würden sie auch immer wieder eine neue Erklärung finden wollen. Doch keine Erklärung schiebt deine Wolken zur Seite. Es bilden sich nur immer wieder neue Wolken.

Es ist eine große Erleichterung, wenn wir erkennen können, dass die Tagesstruktur keine Wolken verschieben und Tore öffnen kann. Deine Tagesstruktur kann das große Tor gar nicht sehen. Aber die Tagesstruktur kann dafür etwas ganz anderes: Sie kann Wolken schon aus der Ferne erkennen. Oh ja, das kann die Tagesstruktur wirklich sehr gut. Mit Wolken kennt sie sich gut aus. **Frag dich: Möchte ich alles über die Wolken**

wissen oder über die Sonne? Was bedeutet die Sonne für dich?

Erfahrungsnotiz: Bring dich in deine Position. *Wenn du in dir anhalten kannst, kannst du auch deine Position finden. Das ist wichtig, denn in deiner Position verweilen deine noch ungelöste Kraft und der Wunsch nach Veränderung. Die Kraft der Erfüllung lebt jedoch in der Sonne. Um in deiner unerlösten Kraft in dir anzukommen, darfst du dich fragen: Wo bin ich denn gerade wirklich? Wähl bitte aus: Drehe ich mich gerade im Kreis, will ich mit dem Kopf durch die Wand, verkrieche ich mich unter dem Deckbett oder weiß ich gerade gar nicht, wo ich im Wirken bin? Bring dich in deine Position, das ist wichtig. Dort angekommen, kannst du dich fragen: Bin ich gerade laut oder leise? Ist es fühlend, denkend, stumm, unwissend, leidend? Bring die innere, denkende, fühlende etc. Welt nach außen, wähl in dir einen Satz für deinen Zustand: Ich bin jetzt denkend. Ich bin jetzt fühlend. Ich bin jetzt weinend. Wähl deinen Satz und sprich ihn aus – mindestens neunmal, bis sich das Gefühl eines neuen Zustands einstellt. Das Göttliche wird sich in dir rühren und öffnen.*

Übung No.6: *Heilsame Öffnung*

Kapitel 7: Halt kurz an

Eines Morgens wirkte mein ganzheitliches Geschehen sehr stark durch mich hindurch und weil ich mein Gegenwärtiges „Wo bin ich jetzt" nicht erkennen konnte, nahm ich Kontakt auf. „Gott Vater, ich weiß nicht, wo ich bin, und ich bin traurig. Es ist so traurig in mir, dass ich weder denken, noch fühlen mag. Ich weiß auch gar nicht, warum ich so traurig bin."

Weil Gott Vater mir nicht antwortete, wiederholte ich meinen starken „So ist es jetzt"-Satz. „Ich weiß nicht, wo ich bin, und ich bin traurig." Etwas verwundert stellte ich fest, dass keine Bewegung aufkam. Prüfend dachte ich nach, ob ich den richtigen Satz ausgewählt hatte, aber irgendwie fand ich keinen besseren, der meinem Empfinden Ausdruck schenken konnte. Also blieb ich diszipliniert bei meinem „Ich bin jetzt traurig".

Erst im siebten Anlauf knisterte es und ich fühlte, dass er mir gleich antworten würde. Neugierig auf seine Reaktion sprach ich noch einmal: „Gott Vater, ich bin heute so traurig."

Er antwortete in bestimmtem Tonfall: „Kind, ich habe dich gehört. Doch sag mir, woher willst du das wissen?"

„Hm", dachte ich, „woher weiß ich das?"

Viel Zeit zum Überlegen hatte ich nicht, denn er lenkte umgehend ein. „Wenn du nicht wüsstest, dass du traurig bist, was wäre dann? Sag mir, was wäre es?"

Seine Bemerkung ließ meine Regungen anhalten und es wurde für einen Augenblick sehr still in mir.

Ein innerer Raum öffnete sich mir, in dem es kein Gefühl, keine Gedanken oder Definitionen gab. Es war ein kurzer, sehr spannender Augenblick.

Ich ließ seine Bemerkung noch einmal in meinem geistigen Bildschirm aufleuchten: „Wenn ich nicht wüsste, dass es

Traurigkeit ist, was wäre es dann?" Ich fühlte in mich hinein und nahm eine fließende Energie in mir wahr.

Ich sprach meine Wahrnehmung aus: „Wenn ich es jetzt nicht wüsste, dann wäre es einfach fließende Energie. Als wäre ich in einem strömenden Bach."

„Ja, Kind", sprach Gott Vater, „es strömt in dir wie in einem fließenden Bach. Weißt du, Leben fließt. Du kannst es nicht aufhalten. Lass es strömen. Es ist ein schönes Weiterkommen. Lass dich treiben und du kommst automatisch in den Strom des Lebens. Gottes Schutz ist mit dir. Hab keine Angst, du hast nach Veränderung gebeten und das sind die ersten Vorboten. Ich möchte dir gerne etwas zeigen: Stell dir bitte kurz vor, man hat dich über Nacht mitten in einen Fluss gestellt und dort stehen lassen. Deine Augen sind verbunden und du kannst nicht sehen, wo du bist. Die Kälte des Wassers steigt langsam in dir auf und es beginnt, unangenehm zu werden. Du willst weg und kannst nicht. Die Verunsicherung, die du wahrnehmen kannst, kam deshalb in dir auf, weil jemand in dir nicht erkennen konnte, was sich gerade in dir bewegt. Wenn du dich wirklich gefühlt hättest, hättest du erkannt, dass du nicht traurig, sondern suchend bist. Das konntest du nicht erkennen. Also hat dein Unterbewusstsein die Führung übernommen, wühlte in ihrer Schatzkiste umher und kam zu dem Entschluss, deiner Regung den Namen Traurigkeit zu geben. Wie würde es weitergehen, wenn du fragen würdest: Warum bin ich heute traurig? Mit welchem Thema steht die Traurigkeit in Zusammenhang? Was muss ich lösen, betrachten oder ändern? Glaub mir, dein Unterbewusstsein würde immer tiefer in deiner Schatzkiste wühlen und auch immer etwas finden, aber dich nicht dorthin führen, wo es heute in dir wirkt. Verstehst du das? Bitte, mach jetzt aus deiner heutigen Regung kein Problem und steig nicht in den Namen und in die Erinnerung deiner gespeicherten

Traurigkeit ein, denn wirklich alles ist im grünen Bereich. Geh hin und nimm der Dame im Fluss die Augenbinde ab. Sag ihr: ‚Ah, du konntest ja gar nicht sehen, wo du bist. Dir geht es wie mir, ich konnte auch nichts sehen. Du konntest du dich in deinen Regungen gar nicht fallen lassen. Doch schau hin! Jetzt kannst du erkennen, dass du im Fluss des Lebens bist und wenn du möchtest, leg dich auf den Rücken und lass dich treiben. Du darfst auch eine Luftmatratze dazu nehmen oder ein Boot. Was möchtest du?' Schau hin und erkenne: jetzt wo du sehend bist, kannst du Vertrauen und die Geschenke des Lebens annehmen.

Kind, ich gebe dir nun einen neuen Satz, den du gleich oder später aussprechen kannst: ‚Das Neue kenne ich nicht, doch ich öffne mich und lasse geschehen.' Nimm die Übung ‚Wenn ich es nicht wüsste' zukünftig bei emotionalen Regungen und Reaktionen, denen du zuvor einen Namen oder eine Definition gegeben hast, mit in deine Übungskiste auf. Such zuerst einen starken Satz zu deinem ‚So ist es jetzt' und sprich ihn lange genug aus."

Es kann sein, dass dein Satz lautet: Oh, ich bin jetzt denkend. Oh, ich bin jetzt fühlend. Oh, ich bin jetzt traurig. Oh, ich weiß nicht, was ich bin. Wähl deinen Satz und sprich ihn lange genug aus.

Sich diese Frage zwischen Tür und Angel zu stellen, nützt nichts. Das öffnet nicht den Raum der göttlichen Freiheit. Erst nach ca. 20 Minuten stellt sich Erfolg ein. Dann erst macht es Sinn, sich für diese Frage zu öffnen: „Wenn ich jetzt nicht wüsste, dass es Traurigkeit etc. ist, was wäre es dann?" Dies ist eine gute Übung, damit die Wahrnehmung aus der alten Gewohnheit die Chance bekommt, sich zu neutralisieren, um sich dann aus energetischen Irrtümern erheben zu können.

Erfahrungsnotiz: Halt kurz an. Solange du blind in dein Geschehen eingebunden bist, wird deine menschliche Wahrnehmung dazu neigen, sich in ihrer alten Gewohnheit mitzuteilen. Dadurch können die Öffnung und der Übergang in neue Lebenserfahrungen unterbunden werden. Du hast keine neutrale Sicht auf dein wirkendes Geschehen und kannst deinen aktuellen Entwicklungsstand nicht frei erkennen. Du bist es gewohnt, dem, was durch dich hindurch wirkt, einen Namen sowie eine Definition zu geben. Du darfst erkennen: Das „So bin ich jetzt" ist zuerst sehr wichtig, denn das „So bin ich jetzt" erdet mich. Es bringt das „Ungestüme" auf einen Punkt. Dieser Punkt kann sich dann entspannen und die Kraft findet sich im göttlichen Fluss wieder. Das wirkende Geschehen wird dadurch entkräftet und deine Missempfindungen lösen sich auf. Dies kann sehr gut über eine einzige Frage geschehen. Ich frage mich: „Wenn ich es jetzt nicht wüsste, dass mein „So bin ich jetzt" diesen Namen trägt, was wäre es dann?" Wichtig bei dieser Übung ist allerdings, dass du dich zuvor mit deinem Satz mindestens sieben bis 20 Minuten lang warmgesprochen hast, sonst bietet dir deine Gewohnheit ganz viele Alternativen und Möglichkeiten an, was du sonst noch alles sein könntest: wütend, unsicher, zweifelnd etc. Bitte die geistige Welt um Unterstützung. Mit ihrer Hilfe kann sich das energetische Geschehen in dir verändern.

Übung No.7: *Wähle deinen Satz*

Kapitel 8:

Willst du Recht haben oder glücklich sein?

Gott Vater hat mich über mehrere Monate geschult und mich immer wieder liebevoll darauf aufmerksam gemacht, wann ich wo bin. Doch ich erlebte ihn auch sehr zurückhaltend. Von dieser Erfahrung möchte ich dir nun gerne erzählen.

Einmal war ich sauer und wütend, weil ich mich über die Aussage einer Bekannten sehr geärgert und von ihr verletzt gefühlt habe. Stunde über Stunde hat das Gespräch seine Wirkung in mir entfaltet und seine Kreise in mir gezogen. Ich konnte mir weder Klarheit darüber, was mich so verärgert hatte, noch Erleichterung verschaffen.

In keiner der bis jetzt erklärten Übungen konnte ich mich erkennen. Ich konnte auch keinen starken Satz finden, den ich hätte sprechen können, zu unruhig war es in mir.

Im Wunsch auf baldige Erleichterung nahm ich Kontakt zu Gott Vater auf und bat ihn um seine Unterstützung. Dazu sprach ich mehrmals den Satz: „Gott Vater, bitte hilf mir, denn ich kann nicht erkennen, wo ich bin."

Ich konnte es kaum erwarten, die gütige Stimme Gottes, der immer großes Verständnis für meine Anliegen gehabt hatte, zu vernehmen und sprach erwartungsvoll weiter: „Gott Vater, bitte hilf mir, ich kann nicht erkennen, wo ich bin."

Nichts regte sich. „Hey, Gott Vater, bist du da?" Es wurde zwar ruhig, aber es knisterte nicht. So wartete ich ein paar Minuten und sprach erneut.

Ohne Vorzeichen antwortete er mir klar und deutlich. „Nein, ich helfe dir nicht, zu erkennen, wo du bist."

„Du hilfst mir nicht, zu erkennen, wo ich bin?"

„Ja", antwortete die Stimme, „mit diesem Thema musst du zu Mutter Erde gehen."

Ich konnte seine Reaktion nicht fassen und murmelte vor mich hin: „Das gibt's doch nicht. Er will mir jetzt nicht helfen? Zu Mutter Erde soll ich gehen? Und wie mache ich das?"

„Hey, Gott Vater, sag mir bitte, wie mache ich das?"

Es kam keine Antwort. Nichts. Er antwortete mir einfach nicht mehr. Ich wurde wütend. Ja, ich kochte innerlich vor Wut. Um meine inneren Regungen aushalten zu können, musste ich laut stöhnen und tief Luft holen. Wie konnte Gott Vater mich in diesem Moment so im Stich lassen?

Zu Mutter Erde sollte ich gehen. Was sollte das jetzt schon wieder bedeuten? Ich spottete wie ein trotziges Kind. Die aufsteigenden Emotionen schmerzten mich und ich sprach schnippisch meinen Unmut aus: „Was bedeutet das? Soll ich mich etwa in den Garten setzen, mich an einen Baum lehnen, Unkraut jäten oder was?" Ich schnaufte wie ein Stier.

Doch plötzlich spürte ich an meiner rechten Seite ein sanftes Kribbeln, drehte meinen Kopf nach rechts und blickte in den Raum hinein. Vor meinem geistigen Auge erschien ein Engel und seine Haltung war die eines Ritters: ein Knie auf dem Boden, das andere angewinkelt. Seinen Unterarm stützte er auf dem angewinkelten Bein ab, hob den Zeigfinger und sagte nachdrücklich: „Stopp! Halt an! Prüfe! Willst du Recht haben oder willst du glücklich sein?"

Die Erscheinung des Engels, die Haltung des Zeigefingers und seine Aussage – wow, das entzündete etwas in mir! Einen Augenblick lang hatte ich keinerlei Empfindung. Ich hatte das Gefühl, die Zeit würde stehenbleiben. Energetisch wurde ich starr. Im Nachhinein kann ich gar nicht sagen, wie lange ich so apathisch im Stuhl gesessen habe. Seine Botschaft hat mich anhalten lassen und ich konnte erkennen, wie sich durch diese Phase etwas in mir besinnen konnte.

Die Aussage des Engels habe ich mir mehrmals durch den Kopf gehen lassen. Willst du Recht haben oder willst du glücklich sein? Klar wollte ich Recht haben. Das wurde mir greifbar bewusst, aber womit wollte ich Recht haben?

Bei dieser neutralen Besinnung spürte ich, wie ich mit den Zähnen knirschte, sobald ich nur daran dachte, Recht haben zu wollen. Ich spürte, wie sich mein Kiefer verspannte, als ob mein Körper sich an etwas festhalten wollte.

Die Aussage meiner Bekannten hatte mich wohl in einer sehr tiefen Wunde schmerzhaft berührt. Erst bei diesem Einblick in mein Inneres wurde mir bewusst, dass ein Teil von mir aber gar nicht hilflos berührt werden wollte. Jemand in mir wollte das ganz einfach nicht und weil es ein Teil in mir nicht wollte, wurde mein tiefsitzender Schmerz in Windeseile taktisch klug übergangen.

Die Kraft meines Körpers und meines Geistes schalteten sofort in den Verteidigungsmodus. In der Verteidigungshaltung wollte ich einfach nur Recht haben. Ich wollte Bestätigung dafür erhalten, dass meine Bekannte gemein zu mir gewesen war.

Die geistige Welt schenkt uns eine Botschaft: Wir wollen dir nun etwas Wichtiges mitteilen. Wisse: Dein Überwachungssystem setzt alle Hebel in Bewegung, damit du dich nicht hilflos, versagend oder schwach fühlen musst. Du hast ein kluges Verteidigungssystem mit cleveren Schachzügen. Es signalisiert dir in Windeseile Gefühle, die dir sagen, ob etwas richtig oder falsch, fair oder unfair, zuvorkommend oder gemein ist.

Dieses Verteidigungssystem springt sofort an, wenn du dort berührt wirst, wo du selbst nicht mehr in dir ankommen willst.

Wenn du merkst, dass du dich in einem äußeren Geschehen emotional verstrickst oder verteidigst, kannst du sicher sein, dass der Finger in eine innere Wunde gelegt wurde, die dein System umgehen will.

Hier darfst du hinsehen und dir vor Augen halten: Solange du dich am oberflächlichen Aufhänger festhältst, kommst du nie und nimmer beim Buddha oder der Buddhine in dir an.

Du kannst dich über das Äußere ärgern und es verteidigen – wenn dir das wichtig ist, dann tu es und ärgere dich. Beobachte gleichzeitig leise und offen: Wie lange möchte ich mich ärgern? Wie lange möchte ich mich verteidigen und die Stellung halten?

Bist du temperamentvoll und dein Gefühl sagt dir, dass du utopisch lange wütend sein möchtest, dann nimm diese utopische Zeitspanne vorüber-gehend an. Sprich es laut aus, damit du dir der gegenwärtigen Kraft deines inneren Rechthabers auch energetisch gewiss sein kannst.

Es ist ein Zustand, der jetzt vielleicht seine Berechtigung hat, der aber niemals so bleiben kann und in dieser Intensität auch nicht anhalten wird. Das Annehmen ermöglicht ein vorübergehendes Ja, es darf so sein. Das vorübergehende Ja schenkt Güte für das Wirkende und öffnet die Wandlung.

Es gibt Situationen, in denen du dich ungerecht und unfair behandelt fühlst. Klar kannst du darüber diskutieren, ob das jetzt in Ordnung ist oder nicht. Wenn du über diese Erfahrungen diskutieren möchtest, dann such dir jemanden, der Lust hat, mit dir zu diskutieren. Doch frag dich leise: Bringt mich das wirklich weiter? Frag dich auch: Wie lange möchte ich diskutieren?

Erkenne bitte: Kein Verteidigen, Beweisen, Rechthaben, Abwehren oder kluges Zurechtrücken der Fakten bringt dir inneren Frieden. Diese kluge Taktik bringt dich nicht zum Buddha oder zur Buddhine. Sie entfernt dich vom Punkt der Erlösung.

Es gibt nur einen Ansatz für eine dauerhafte Erleichterung: Stell dich der gegenwärtigen Situation. Öffne dich der räumlichen Betrachtung: „Um was geht es mir eigentlich wirklich?"

Frag dich dazu bitte und zwar in absoluter Ehrlichkeit: Möchte ich Recht haben oder glücklich sein? Möchte ich mich verteidigen oder glücklich sein? Befinde ich mich in einer Abwehrhaltung oder möchte ich glücklich sein? Was möchte ich eigentlich wirklich?

Frag dich in akuten Geschehen bitte nicht, warum diese jetzt so stattfinden. Frag dich auch nicht, warum der andere ist, wie er ist! Bitte tu dir solche Fragen und die darauffolgenden Auseinandersetzung nicht an, denn das bringt dich nicht dorthin, wo deine innere Öffnung auf dich wartet.

Alle Warum-, Wieso-, Weshalb-Fragen entfernen dich von der energetischen Öffnung. Mach stattdessen eine Übung. Frag dich: Was bewirkt das äußere Geschehen in mir? Verteidige ich mich, schimpfe ich? Was geschieht, wenn ich darauf reagiere? Im nächsten Kapitel folgt eine Übung dazu.

Erfahrungsnotiz: Willst du Recht haben oder glücklich sein? *Frag dich, wenn es akut unrund ist: Könnte ich mich jetzt hinsetzen und bis zehn zählen? Möchte ich Recht haben oder glücklich sein? Möchte ich jetzt aussprechen, was geschehen ist? Möchte ich diskutieren? Wenn du dich verteidigen möchtest, dann tu das, aber tu es ganz bewusst. Sprich dazu alles aus. Frag dich, wie lange du dich ärgern möchtest. Frag dich auch, ob dich das wirklich weiterbringt. Solange du dich mit dem oberflächlichen Auslöser des Konflikts beschäftigst, kommst du nie und nimmer zum Buddha oder zur Buddhine in dir. Du ärgerst dich immer wieder neu. Halt immer eine Metapher in der Hand, die dich an die Frage erinnert: Bringt mich das wirklich weiter?*

Übung No.8: *Bringt mich das weiter?*

Kapitel 9: Kontaktaufnahme Mutter Erde

Das Angehaltenwerden hat mir gutgetan, ich wurde ruhiger und entspannter. Langsam erinnerte ich mich wieder an Gott Vaters Worte: „Geh zu Mutter Erde!"

Ich fragte mich, wie ich das tun könnte. Was war damit gemeint? Irgendwie hatte ich das Gefühl, dass der Engel noch anwesend war und dass er mir eine Botschaft zukommen lassen wollte: „Erzähl Mutter Erde einfach, was du erlebt hast. Sprich dabei langsam. Komm aus dem Erzählen ins Fühlen und dann sag ihr, was das mit dir macht. Lausche gut, wenn sie zu dir spricht. Lass dir Zeit, bis du ihre Antwort annehmen kannst."

Eine neue Übung, dachte ich und war gespannt, was sich daraus entwickeln würde. So blieb ich sitzen und erzählte Mutter Erde meine Geschichte. Es sprudelte nur so aus mir heraus. Doch hören konnte ich sie nicht. *Komisch*, dachte ich, *die sagt ja gar nichts. Okay, ich werde es nochmal versuchen.* So schilderte ich ihr meine Situation der Geschehnisse erneut, bunt schillernd und farbenfroh. Doch ich hörte wieder nichts. Da erinnerte ich mich an die Worte des Engels: „Erzähl alles, sprich langsam und sag ihr, was es mit dir macht."

Okay, dachte ich, *alles erzählt habe ich bereits ausführlich. Vielleicht war ich beim Erzählen auch zu schnell und ich erkannte: Oh, ich habe noch nicht gefühlt.*

So aufgedreht, wie ich war, konnte ich auf Anhieb gar nicht fühlen. Ich wiederholte die Aussage des Engels: „Was macht es mit dir?" Ich atmete tief ein und aus, senkte den Kopf ein wenig und fühlte in mich hinein. Nun, ich fühlte mich etwas angespannt. Ja, so nahm ich es wahr. Das konnte ich Mutter Erde nun erzählen. Ich atmete noch einmal tief ein und aus und begann zu sprechen: „Mutter Erde, ich fühle mich angespannt."

Es begann zu knistern und ich hörte eine tiefe innere Stimme, die sagte: „Oh."

Ich war berührt, als ich dieses tiefe „Oh" in mir vernahm. Was war das? War das jetzt Mutter Erde? Okay, noch einmal. Keine Eile. Ganz ruhig bleiben: „Mutter Erde?"

Es folgte ein tiefes „Hm".

Es war nur ein Laut, aber er klang durch meinen ganzen Körper hindurch. Ich legte eine kurze Pause ein und sprach dann weiter. „Mutter Erde, ich fühle mich angespannt."

„Oh ja, Kind."

Ich fragte mich erneut, was die Situation mit mir machte. Weil ich es nicht klar erkennen konnte, sprach ich: „Mutter Erde, ich weiß gar nicht was ich sagen soll."

„Oh", antwortete sie mir.

„Ich bin mir nicht sicher, was ich fühle", sprach ich zögerlich.

„Aha", erklang ihre tiefe, aber weiche Stimme. Langsam konnte ich jedoch fühlen, wie sich ein alter Schmerz sanft in mir öffnete. Unter leisen Tränen sprach ich weiter: „Mutter Erde, ich bin traurig."

„Ja, das stimmt", antwortete sie ruhig.

„Ja, ich bin traurig", bestätigte ich meine Wahrnehmung. Zuerst kamen nur sanfte, schluchzende Tränen, dann wurde daraus ein ganzer Wasserfall. Ich blieb dabei sehr ruhig und ein tiefer Friede breitete sich in mir aus.

Ich konnte mit Hilfe von Mutter Erde (der reinen Güte) öffnen, was das Ereignis in mir berührt hatte. Meine Liebe konnte dort ankommen, wo meine Kraft nicht mehr hinkam – nämlich im ältesten Schmerz.

Es war jener Ort, an dem ein Teil meiner Kraft eingesperrt war, auf den ich aber keinen Zugriff mehr hatte. Ich erkannte, dass es mir gar nicht mehr wichtig war, was die Bekannte zu mir gesagt hatte. Mir war auch nicht wichtig, warum es überhaupt dazu gekommen war, denn ich konnte mich für etwas öffnen, was mir viel wichtiger war. Ich durfte mich in meinem ältesten Schmerz zeigen und das war das Heilsame an diesem Geschehen.

Mutter Erde hat mich einfach so angenommen, wie ich war, mit dem, was ich leisten konnte. Sie hat mir weder etwas diktiert, noch wusste sie alles besser, sie war im ältesten Wirken einfach für mich da und meine Liebe konnte hervortreten. Das war heilsam schön.

Die geistige Welt möchte uns dazu eine Botschaft schenken: Erkenne an: Wenn ein Prozess stark in dir wirkt, bist du zuvor an einem Punkt berührt worden, an dem jemand in dir gar nicht sein möchte. Dort ist ein Teil deiner Kraft gebunden. Diese Kraft möchte sich befreien.

Nimm die Momente der Wut, der Ungerechtigkeit, des Angriffes bewusst wahr. Dabei kannst du ansprechen, was es mit dir machen möchte und gegenwärtig mit dir macht.

Die Frage „Will ich Recht haben oder will ich glücklich sein?" provoziert im richtigen Moment und fordert dich dazu heraus, erkennen zu können, was dein energetisches Wirken eigentlich wirklich von dir will. Dies annehmen zu können, ist nicht immer leicht, aber sehr effektiv.

Lass dich auf diese Betrachtung ein und ermögliche dir den Weg in die freie Wahlmöglichkeit. In dieser freien Wahlmöglichkeit öffnet sich deine Ganzheit. Die innere Heilwerdung und die Wandlung ohne Worte beginnen, sich zu offenbaren.

Eine gute Übung in diesen Prozessen ist es, wenn du einem Außenstehenden die Erlaubnis gibst, dich fragen zu dürfen: „Was willst du wirklich? Willst du Recht haben oder glücklich sein?" Das ist eine ziemlich umwerfende Frage, wenn wir in solch einem Prozess sind.

Wenn du für dich im wirkenden Geschehen selbst schon anhalten kannst, dann kannst du dir diese Frage auch selbst stellen.

Eine wunderbare Ergänzung zu dieser Frage ist die Button-Betrachtung. Sie ist äußerst spannend und heilsam. Wähle zuerst deine Frage aus: Möchte ich gerade Recht haben oder glücklich sein? Möchte ich mich verteidigen oder glücklich sein? Bin ich in der Abwehr oder möchte ich glücklich sein? Bin ich das Opfer oder möchte ich glücklich sein?

Bitte stell dir zwei gelbe Buttons vor deinem geistigen Auge vor. Stell dir die ausgewählte Frage laut: Will ich Recht haben oder glücklich sein? Der linke Button steht für „Ich will Recht haben" und der rechte steht für „Ich will glücklich sein". Schau auf die gelben Buttons und spüre, wo es dich energetisch hinzieht. Wenn du im akuten Prozess bist, wird es dich zum „Ich will Recht haben"-Button ziehen. Das ist im wirkenden Geschehen ganz normal.

Wenn dem so ist, dann sprich die Wahrhaftigkeit laut aus. „Oh, ein Teil in mir möchte jetzt Recht haben. Dieser Teil in mir, er will sich jetzt behaupten."

Frag dich dann noch einmal und sieh erneut auf die Buttons. Es kann sein, dass es dich wieder zum Nein-Button hinzieht. Beobachte dich, während du den Nein-Button ansiehst. Du könntest dich fragen: Kann ich überhaupt auf den Ja-Button sehen?

Dort könnte ich ja mein Glück annehmen. Nimm den Blick von den Buttons und frag dich erneut: Was möchte meine stärkste Position wirklich?

Möchte ich jetzt das Glück wählen? Schau auf die Buttons. Es kann sein, dass dein Blick jetzt zwischen den Buttons hin- und herwandert. Langsam kommst du an einen Punkt, an dem du wählen kannst. Was möchte ich eigentlich wirklich? Jetzt erst kommst du in die Ebene der Wahl. Dort kannst du langsam und frei wählen.

Die Button-Übung ist sehr klärend, befreiend und effektiv. Es kann jedoch sein, dass du im wirkenden „Ich will Recht haben"-Prozess gar nicht an die Übung denkst. Neigst du zu solchen Verteidigungsmustern, mach dir als Erinnerungsstütze einen Knoten in dein Taschentuch.

Es ist eine große Erleichterung, wenn man von einer Person durch die Übung gelotst wird.

Erfahrungsnotiz: Kontaktaufnahme Mutter Erde. Sprich zuerst alles offen und ehrlich aus, was die Erfahrung in dir auslöst und mach anschließend die Button-Übung. Zählst du zu den Menschen, die häufig Recht haben wollen oder den Drang haben, sich beweisen zu müssen, gib einem guten Freund den Auftrag, dass er dich in diesen Momenten fragen darf: „Hey! Willst du jetzt Recht haben oder glücklich sein?" Atme tief durch und stell dich dieser Frage. Nimm das, was in dir aufkommt, achtsam an. Wenn sich deine Energien beruhigt haben, geh zur Heilarbeit über. Schau bitte, um die Dinge räumlich zu klären, rückwirkend auf das Geschehen. Frag dich: War ich in einer Wolke oder war ich ein Stier? War ich in der Wolke oder saß ich auf einem fliegenden Teppich? Wie war es? Wenn du das Gefühl hast, du warst in einer Wolke, wisse: Hier hat eine andere Wolke im Vorüberziehen deine Wolke gestreift und der Streifzug hat dich dazu veranlasst, deine Wolke zu verlassen. Okay. Ich möchte hinsehen und erkenne: Ja, ich saß in einer Wolke.

Vielleicht habe ich mich ja auch in der Wolke des anderen aufgehalten und erkenne nun: Das ist gar nicht meine

Angelegenheit. Vielleicht war der andere ja auch in meiner Wolke und er wollte mir helfen, damit ich meine Wolke verlassen kann. Vielleicht saßen wir beide auf einer Wolke obendrauf. Wenn du in der Sonne gewesen wärst, hätte dich der Streifzug nicht berührt. Frag dich: Wo war ich selbst, bevor ich mich geärgert habe? Wenn du das Gefühl hattest, du warst gar nicht in der Wolke, sondern ein Stier, dann betrachte dich (vor deinem geistigen Auge) Stirn an Stirn mit deinem Gegenüber. Sieh dir dieses Bild genau an! Versucht euch zu lockern, so dass ihr frei stehen könnt. Könnt ihr frei stehen, geh einen Schritt zur Seite, so dass seine Sicht und deine Sicht vollkommen frei werden. Du musst nicht ergründen, warum ihr zusammenrasselt. Das Wichtigste an dieser Übung ist, dass ihr den Stirn-Magneten löst.

Übung No.9: *Die Buttonbetrachtung*

Kapitel 10: Mutter Erde hilft

Gott Vater schulte mich, zu erkennen, wo ich bin, und Mutter Erde schulte mich, zu erkennen, was es mit mir macht, wenn ich da angekommen bin, wo ich gar nicht sein möchte. Ihre Güte schenkte mir Vertrauen und die Möglichkeit, mich so anzunehmen, wie es sich durch mich hindurch zeigen möchte. Dadurch konnte ich mich immer mehr öffnen.

Es gab viele Phasen, in denen ich nicht gewusst habe, wo ich war und was es in mir bewegte. Mutter Erde forderte mich nicht auf, all das bereits wissen zu müssen. Ich konnte immer zu ihr kommen, ihr immer wieder dasselbe erzählen und stets neu nachfragen.

Sie sagte nie: „Wie lange willst du dich noch an diesem Thema abarbeiten?" Sie setzte mich auch nie mit Ungeduld unter Druck. Ich hatte nie das Gefühl, ich könnte ihr zu viel sein.

Sie war und ist immer wieder für mich da, noch heute kommuniziere ich mit ihr – dann, wenn ich in einem Prozess nicht sofort erkennen kann, was er gerade mit mir macht oder wo ich bin.

Ich kenne niemanden, der so eine große, heilende Güte besitzt wie die Kraft von Mutter Erde. Sie hat die natürliche Gabe, Menschen einfach so, bedingungslos und ohne jegliche Erwartungen anzunehmen und zu lieben. Sie verfügt über unglaublich viel kreatives Potential und Geschenke. Die Kraft von Mutter Erde ist für mich das schönste Geschenk auf Erden überhaupt.

Einmal gab ich ein Seminar und ich schwärmte von ihrer gütigen Kraft, woraufhin ich von einem Seminarteilnehmer gefragt wurde: „Heike, ist die Mutter Erde, von der du sprichst, der Planet Erde selbst?" Ich hielt inne und spürte, dass diese Frage eine Botschaft auslöste.

Es sprach durch mich hindurch: „Weißt du, Mutter Erde ist die lebendige Kraft der Güte, der Liebe und des kreativen Reichtums in dir selbst. Es ist deine eigene, archetypische Kraft der gütigen Mutter. Sie lebt in dir, im Planeten sowie in jedem Menschen. Sobald du sie ansprichst, wird sie dir helfen."

Durch diese Botschaft wurde mir selbst einiges klar, was mir bis dato verschlossen gewesen war. Ich hatte mich nie gefragt, wer mir antwortete, ob es der Planet Erde oder irgendjemand sonst war.

Einmal hatte ich das Gefühl, es wäre Frau Holle, die durch mich hindurch sprach, ein anderes Mal hatte ich das Gefühl, es sei die Seele, die sich in mir regte. In jenen Augenblicken, als ich zu Mutter Erde gesprochen habe, war mir eigentlich gar nicht wichtig, wer da wirklich sprach. Der Schrei nach Hilfe war wohl immer stärker.

Einmal, das werde ich nie vergessen, war mir der Tag so peinlich … Ehrlich gesagt war ich mir selbst peinlich. Ein Teil von mir hatte das Gefühl, echten Quatsch erzählt zu haben. Kennst du das? Ich habe mich innerlich für das geschämt, was ich gesagt hatte und es quälte mich sehr.

Ich hörte, wie Mutter Erde zu mir sprach: „Kind, was ist denn gerade mit dir los?"

Ich setzte mich in meinen Arbeitssessel und sagte: „Ich weiß es nicht genau. Ich habe das Gefühl, ich schäme mich."

„Okay", antwortete sie mir. „Und was willst du jetzt tun?"

„Das Beste wäre, man würde mich jetzt nicht sehen", murmelte ich leise vor mich hin.

„Okay, was könntest du tun, damit man dich jetzt nicht sehen kann?", wollte sie von mir wissen.

„Ich könnte mich verstecken, eine Decke nehmen und sie über mich werfen."

„Mach das, Kind, hol dir eine Decke und leg sie über dich", sprach sie mir gut zu.

Ich habe eine Decke geholt, sie über mich geworfen und mich darunter versteckt.

Mein Sohn kam zufällig ins Zimmer. Er kam näher und fragte mich: „Geht's dir gut?"

Ich antwortete: „Ja, es geht mir gut."

„Was machst du da?", wollte er wissen.

„Ich mache ein Experiment, eine Übung."

Ich erkannte an meinem eigenen Leib, unter der Decke ging es mir wirklich gut, ich habe richtig gespürt, wie ein Teil in mir erkennen konnte, dass mir das in diesem Moment half. Meine Augen konnten sehen, dass ich geschützt war, und ich konnte begreifen, dass ich diesen Schutz brauchte. Das wache Sehen meiner physischen Augen hat dem, der in mir nicht sehen konnte, ich nenne ihn den Blinden, geholfen, zu realisieren, was energetisch wirklich vor sich ging und dass ich für mich sorgen konnte.

Nach kurzer Zeit sprach Mutter Erde erneut zu mir: „Kind, wie lange willst du unter der Decke verweilen?"

Da erkannte ich, dass ich eine Wahl hatte. Ich konnte wählen. Wie schön! Ich antwortete: „Eine Stunde."

„Bist du dir da sicher, Kind?" wollte sie wissen.

„30 Minuten", entgegnete ich.

„Wie lange willst du noch unter der Decke verweilen?"

Plötzlich regte sich etwas in mir und ich erkannte: „Gar nicht mehr!" Mutter Erde schenkte mir ein Gefühl von: „Wow! Steh auf, nimm die Decke weg und sag dir selbst: Danke. Für einen Augenblick hatte ich diesen Schutz gebraucht."

Im Ablauf des Geschehens konnte meine Tagesstruktur nicht erkennen, dass ich diesen Schutz brauchte und weil sie es nicht erkennen konnte, wurde ich stumm. Daraufhin begann es, unruhig zu werden. Ich wurde unsicher und ärgerlich. Ärgerlich im Unsicherheitsgefühl der Frage: Muss ich mich jetzt für das schämen, was ich gesagt habe oder nicht? Sich wegen eines Unsicherheitsgefühls zu ärgern, ist eine verwirrende Mischung, die sich nicht leicht wandeln lässt.

Aber in dem Moment, als ich die Decke genommen habe, konnten meine Augen erkennen: Genau das tut dem Kind jetzt gut und aus der Unsicherheit wurde Schutz. Diese räumliche Erkenntnis, jetzt möchte sich jemand abgrenzen und verstecken, konnte so an die Gehirnstruktur weitergeleitet werden.

Durch diese Erkenntnis hörten die Fragen „Habe ich etwas falsch gemacht?", „War ich jetzt doof?", „Habe ich jetzt Quatsch erzählt?" auf, durch mich hindurch zu denken und auch das unbewusst wirkende Gefühl von „Ich muss mich jetzt schämen" ebbte nach sehr kurzer Zeit ab und wirkte nicht mehr negativ auf mich ein. Es ging mir rasch besser und ich konnte über mich und den Vorfall lachen.

Erfahrungsnotiz: **Mutter Erde hilft. Gott Vater schult dich, zu erkennen, wo du im wirkenden Geschehen bist. Mutter Erde schult dich dahingehend, zu erkennen, was es mit dir macht, wenn du genau dort bist, wo du jetzt bist, aber gar nicht sein möchtest. Auch hier geht es nicht um eine Thematik, sondern es geht um ganzheitliche Öffnung. Mutter Erde tut kund: Wenn du dich einem schmerzhaften Punkt näherst, dann komm bewusst in dir an. Setz dich auf einen Stuhl und bring die innere Welt nach außen. Sprich die denkende, fühlende oder die unwissende Welt laut aus. Somit achtest du, was in dir vor sich geht und der Kräftehaushalt entspannt sich.**

Entspannt sich der Kräftehaushalt, verziehen sich die Wolken und dein inneres Tor öffnet sich. Dadurch verändert sich das akut Wirkende automatisch. Das ist ganzheitlich heilsam und befreiend. Du kannst dich laut sprechend fragen: Was würde mir jetzt guttun? Der schweigsam Wissende in dir weiß ganz genau, was dir jetzt guttun würde. Vielleicht bekommst du auf diese Frage aus dir heraus spontan eine denkende Antwort oder einen Impuls. Dann kannst du sie aussprechen und dich mit all dem versorgen, was dir jetzt guttun würde. Vielleicht bringt dir das Leben die Antwort in Form einer wunderbaren Erneuerung oder Begegnung. Lerne bei Fragen, auf die du nicht sofort eine fühlbare Antwort bekommst, einfach in den längeren Atem überzugehen. Wisse: Die Antwort kommt immer. Nur nicht immer sofort. (Der längere Atem bedeutet: Schenk dem Leben deine Frage, deinen Wunsch oder deine Intention, ohne eine Antwort zu erwarten.) Du kannst dich auch fragen lassen: Bitte einen Freund, wenn es dir nicht gut geht, er möge dich fragen: „Was würde dir jetzt guttun?" Ob man sich selbst fragt oder gefragt wird, ist ein großer Unterschied. Probiere es für dich aus. Lerne den Unterschied für dich kennen.

Übung No.10: *Die innere Welt nach außen bringen*

Kapitel 11: Warum, wieso, weshalb

Mit Hilfe von Mutter Erde konnte ich immer leichter mit den Warum-, Wieso- und Weshalb-Fragen und meinen Regungen klarkommen. Sie sagt: „Kind, du kannst deine Fragen, wenn sie kommen, nicht unterdrücken. Wenn sie aufkommen, wurdest du an einem großen Energiefeld berührt, welches sich öffnen möchte oder sich bereits geöffnet hat.

Dieses Feld kann dich in einen Sog hineinziehen, unter das Deckbett zwingen, dich im Kreis drehen, den Tagesablauf ausbremsen oder es kann so durch dich hindurch wirken, dass du gar nicht erkennen kannst, wo du bist. Dadurch öffnen sich dir viele Fragen sowie der starke Wunsch nach Erleichterung, Lösung und Veränderung.

Es gibt sowohl luftige Fragen als auch feurige Fragen. Über die luftigen Fragen kommst du leicht in das nebulöse Gedankenkarussell und über die feurigen Fragen galoppierst du mit deiner Kraft auf dem Rücken eines Hengstes ungeachtet davon. Ich möchte dir helfen, erkennen zu können, dass du jetzt in einer Entwicklungsphase bist, in der du deinen Feuerfragen und deinem kraftvollen Hengst begegnen kannst.

Bei den Feuerfragen darfst du darauf achten, dass du dich im Kräftehaushalt nicht verlierst, sonst treibst du deinen Hengst ungeachtet davon (= er ist eine archetypische Kraft, die sehr eng mit der natürlichen Feuerkraft des Menschen in Verbindung steht).

Wenn du mit deiner Feuerkraft noch nicht umgehen kannst, treibst du deinen Hengst ungeachtet und immer wieder in das große „Ich will es jetzt aber können/
erreichen/haben/beweisen/verändern"-Wollen hinein.

Die „niederen" Beweggründe dafür sind aber nicht mit der großen natürlichen Sonnenkraft und ihrer Liebe vereinbar. Hier wendet sich der Mensch von der Sonnennatur ab.

Die Ziele des Haben- und Erreichen-Wollens können sich durchaus erfüllen, doch sie bringen immer versteckte Leiden und ein energetisches Ungleichgewicht mit sich. Ich möchte dir zeigen, wie du dir Glück, Wohlstand und Erfüllung im freien Fluss des Lebens ermöglichen kannst.

Achte darauf, wenn sich die typischen Feuerfragen stellen: Warum ist es denn schon wieder so anstrengend heute? Wie lange dauert das noch? Warum verändert es sich nicht? Wann endlich kommt die große Erfüllung? Steckst du in diesen Fragen fest, bewegt sich auch immer deine Feuerenergie.

Wird deine Feuerenergie angeregt, wird auch der Hengst an deiner Seite aktiv. Er möchte dir umgehend helfen, dass sich deine Bremse lockern und öffnen kann. Doch leider hast du nicht gelernt, in diesen Momenten anzuhalten, um dir Raum für diese Öffnung zu ermöglichen. Die Kraft des Hengstes wurde angetrieben, noch mehr zu können, zu wollen oder zu haben, als die Natürlichkeit in dir selbst öffnen, offenbaren oder gestalten konnte.

Wenn du in deinen emotionalen Regungen nicht anhältst, treibst du deine Feuerenergie immer wieder von deinem energetischen Geschehen und von deiner großen Toröffnung weg. Dies kostet dich immens viel Vitalkraft und dein schöpferisches Feuer eröffnet sich dir nicht.

Halt unbedingt an, wenn du merkst, dass du stöhnend, unwissend, verärgert, genervt oder in einem „Ich muss das jetzt haben, müssen, wollen, tun" bist. Halt an, wenn es in dir akut rumort und treib deinen Hengst nicht davon, sondern halte dich selbst an, dann beruhigt er sich. Nimm ihn liebevoll an deine Seite.

Es ist eine große Erleichterung, wenn du deine wirkende Welt in einer kurzen Übung zum Anhalten bringen kannst. Nimm deine niederen Beweggründe, „mehr haben zu wollen, als die Natürlichkeit dir gegenwärtig ermöglichen kann" dann zurück, wenn sie sich in einem akuten Geschehen bemerkbar machen. Dadurch entspannt sich dein Kräftehaushalt und deine Natürlichkeit kann sich öffnen, damit du der Schöpfung ganz bewusst mehr Raum für deine Entfaltung ermöglichen kannst.

Treib deinen Hengst nicht davon, sondern lerne, seine Kraft natürlich anzunehmen. Du brauchst seine Hilfe, damit sich dein Sonnentor öffnen und er dich darüber hinaus führen kann.

Du darfst dich erinnern: Wann immer es dir nicht gut geht oder du dich im wirkenden Geschehen unwohl fühlst, kann der Blinde in dir gerade nicht erkennen, wo du jetzt im Geschehen bist.

Ist dem so, ist es Zeit, in dir anzukommen. Setz dich an einen ruhigen Ort und werde dir bewusst: Oh, es hat mich bereits gepackt. Ich möchte nicht benennen, was in mir vor sich geht, sondern ich möchte ihm einfach Raum schenken und sprechen: „Es wirkt in mir und es darf sein, denn ich bin für mich da."

Sprich aus, dass es wirkt, wenn es wirkt. Dies realisieren zu können, bewegt dich göttlich.

Beim Ankommen geht es immer um eine ganzheitliche Öffnung. Wir vermeiden die Warum-, Wieso- und Weshalb-Fragen ganz bewusst und steigen nicht auf sie ein. Dies können wir uns ganz spielerisch ermöglichen, indem wir im akuten Geschehen aussprechen: „Oh, Energien machen, was sie wollen."

Wenn du auf deine Warum-, Wieso- und Weshalb-Fragen nicht im Zusammenhang mit deiner „Müssen, haben, wollen, tun"-Bewegung aufsteigst, bleibt der Hengst nicht nur ruhig an deiner Seite, sondern er kann dich in deiner ganzheitlichen Öffnung sogar noch weiterführen. Er kann dich durch alle Ebenen sicher begleiten und verschlossene Türen öffnen.

Steigst du nicht auf deine niederen Beweggründe auf, erkennst du auch ganz bewusst an: „Ich möchte jetzt gar keine Hintergründe oder Zusammenhänge verstehen. Ich wähle Öffnung und lasse alle gebundenen Kräfte los. Ich erkenne meine schöpferische Kraft an."

Wir erkennen dadurch immer deutlicher: Das Verstehen-Wollen löst keine verhakten Energien und das Müssen, Haben, Wollen, Tun öffnet nicht die Kraft der göttlichen Erfüllung.

Setz dich hin, wenn es akut in dir wirkt und sprich aus: „Meine Energien machen gerade, was sie wollen, ob ich denke oder nicht. Energien machen, was sie wollen, ob ich verstehe oder nicht. Energien machen, was sie wollen, ob ich mich dagegen wehre oder nicht."

Doch ich möchte dir nun etwas ganz Wichtiges mitteilen: Energien machen nur bis zu einem bestimmten Punkt, was sie wollen. Kommst du im akuten Geschehen in dir an, beginnt dein Kräftehaushalt schon nach sieben Minuten, sich in dir selbst zu wandeln – dies wirst du innerhalb des Geschehens allerdings nicht immer fühlen können, doch sie beginnen, sich zu wandeln. Bleibst du 20 Minuten lang im Ankommen, nehmen sie weiter Kurs auf die göttliche Verwandlung. Die Kraft des Hengstes ist dir sehr nah und hilft dir, dass sich deine Kräfte noch weiter öffnen und entfalten können.

Selbst, wenn du im wirkenden Geschehen 15 Minuten lang immer wieder nur den einen Satz „Energien machen, was sie wollen" aussprichst, entspannt und öffnet sich dein Kräftehaushalt, die göttliche Verwandlung beginnt.

Du kannst in dieser Übung auch erkennen: Es bedarf jetzt keines Rückzugs, keiner Verweigerung, keines Streits und gar keiner Erklärungen. Ich muss jetzt nichts wissen, nichts tun, nichts können oder wollen. Raum und göttliche Ordnung dürfen sich in meinem Sein finden. Diese Zeit schenke ich mir.

Erfahrungsnotiz: Warum, wieso, weshalb? *Es ist ganz normal, dass wir es zu spüren bekommen, wenn sich Kräfte in uns zurückziehen, verhaken, verkapseln, verweigern oder gebunden halten. Dadurch können der Fragende, der Un-Wissende, der Un-Begreifbare, der Spekulant, der Rückzieher oder der, der es jetzt ganz schnell ändern möchte, in uns aktiv werden. Sie wirken wie ein ganz natürlicher Stopper, Herdenantreiber oder wie ein Beschützer. Ohne sie hätten wir vielleicht gar keine Impulse, auf die reagierend die Sonne nicht vollständig durch uns hindurchscheinen kann oder gerade dabei ist, sich zu öffnen. Wir dürfen uns nur nicht von ihnen treiben lassen, sondern müssen kurz anhalten, wenn wir merken, dass einer von ihnen aktiv ist. Beobachte dich in deinem Geschehen: Wenn du nicht mehr auf deine Gewohnheit eingehst, sondern innerhalb deiner Gewohnheit „kurz anhalten" kannst, dann kannst du deine Mechanismen wach und mit Abstand beobachten. So beruhigt sich auch dein Hengst und du bekommst umgehend Zugang zu deiner ganzheitlichen Öffnung. Allein durch das Ankommen und das Aussprechen des Satzes „Energien machen, was sie wollen" lösen sich verhakte Energien in deinem Kräftehaushalt wieder auf. In einem Wirken, von dem du nichts weißt, kannst du diesen Satz ca. 15 Minuten lang immer wieder laut und mit*

Pausen dazwischen aussprechen. „Energien machen, was sie wollen, ob ich denke oder nicht." Pause. „Energien machen, was sie wollen, ob ich fühle oder nicht." Pause. „Energien machen, was sie wollen, ob ich verstehe oder nicht." Pause. „Energien machen, was sie wollen, ob ich stumm bin oder nicht." Schau jedoch genau hin: Nur bis zu einem bestimmten Punkt machen Energien, was sie wollen. Dann wandelt es sich göttlich. Sprichst du diesen Satz einfach laut aus, können deine Energien wieder frei fließen, sie verändern sich bereits nach sieben Minuten. Sie nehmen automatisch Kurs Richtung Sonne. Nach 20 Minuten kommen sie wieder vollständig in die richtige Bahn sowie in den göttlichen Fluss. Diese Übung wirkt noch lange weiter, ohne dass du dies bewusst fühlen müsstest.

Übung No.11: *Befreie deinen Kräftehaushalt*

Zweiter Teil

Kapitel 12: Was willst du wirklich?

Das natürliche, ganzheitliche „Wo bin ich eigentlich wirklich in meinen Gedanken, in meinen Gefühlen, in meinem Sein?" durfte sich über mehrere Ebenen und mehrere Facetten durch mich hindurchkristallisieren.

Ich erkannte: Mit jedem bewussten Anhalten-Können beginnt schon die große Wandlung. Es machte Spaß, mit den Übungen zu experimentieren.

Irgendwann fragte ich Gott Vater: „Was kann ich tun, damit ich mein Ziel hier auf Erden wirklich erreichen kann?"

Seine Antwort war erschreckend. „Nichts."

Das Nichts ist jedoch etwas, das meine Gehirnstruktur gar nicht mag, denn ich möchte sehr gerne etwas tun, weil ich lebendig bin. Ich möchte kreativ sein. Ich möchte Schöpfer sein und ich bin Schöpfer. Jetzt kommst du als Schöpfer-Gott und sagst mir einfach „Nichts"?

„Oh Gott Vater, immer diese quälenden Aufgaben", seufzte ich.

Er sprach in klaren Worten zu mir: „Erreiche dein Ziel schon heute."

„Heute?", stutzte ich.

„Ja, komm an deinem gewünschten Ziel an und erfülle dir das, was du wirklich möchtest, schon heute", entgegnete er.

„Heute schon, wie soll das gehen?", wollte ich wissen. „Sag mir ganz einfach, was du möchtest", antwortete er mir gelassen.

Ich zögerte etwas und sprach: „Wie soll ich benennen, was ich wirklich möchte? Es zu benennen ist gar nicht so einfach."

Er ließ nicht locker und spornte mich an: „Dann versuch es. Nenn mir, was du möchtest."

Ich räusperte mich, gab mir einen Ruck und stammelte vor mich hin. „Nun, Gott Vater, ich möchte vielleicht mehr Glück in meinem Leben haben. Ja, ich möchte ein bisschen glücklicher sein."

Er antwortete: „Kind, ein bisschen glücklicher sein, was soll das? Das bist du schon." Es wurde still, dann legte er ruhig, aber mit betonter Stimme nach: „Weißt du, ich habe das Gefühl, es geht dir in deiner stärksten Kraft um etwas ganz anderes, als du glaubst, wirklich erreichen zu wollen. So möchte ich dir nun eine Inspiration schenken, auf die du jetzt gar nicht antworten musst. Bitte such die Antwort nicht. Lass die Frage einfach so stehen und gib ihr einen langen Atem: Was wäre, wenn ich für dich etwas ganz anderes vorhergesehen habe, als das, wonach es in dir kämpft?"

Puh, ich fühlte mich augenblicklich wie in einer dampfenden Sauna, wie auf heißer Kohle sitzend. Das war wirklich ein sehr unangenehmer Zustand für mich. Ich konnte nicht mehr ruhig sitzen bleiben, unterbrach den Kontakt, stand auf und ging erst einmal durch die Zimmer meiner Wohnung. Warum ich so heftig reagierte, wusste ich gar nicht.

Ich fühlte mich feurig und verwirrt zugleich. Dieser Zustand war mir sehr unangenehm und ich wollte unter keinen Umständen darin verweilen müssen. Deshalb überlegte ich mir, was ich jetzt tun könnte, um schnellstmöglich Klarheit und Erleichterung zu bekommen. Ich hatte Gott Vaters Worte, ich solle keine Antwort suchen, wohl noch im Ohr, doch dies nützte mir nicht viel, denn ich konnte in diesem Geschehen einfach nicht anhalten. Meine körperlichen Reaktionen waren viel zu stark.

Kurzerhand ging ich zu Mutter Erde, nahm Kontakt mit ihr auf und erzählte ihr von meiner Erfahrung. Sie beruhigte mich in ihrer gewohnten Art und sprach: „Kind, jemand in dir hat jetzt überhaupt keine Ahnung, was dies nun sein könnte. Das erscheint dir wie ein großes Problem. Du hast aber kein Problem, du kennst es nur nicht."

„Okay, heißt das nun, dass ich mit dem, was ich tue, gar nicht auf dem richtigen Weg bin?"

Wie kann ich herausfinden, was meine Kraft wirklich möchte? Was kann ich tun, um dies erkennen zu können und wie kann ich …"

„Stopp, stopp, stopp!", unterbrach mich Mutter Erde sofort. „Halt bitte an und erkenne: Diese Fragen führen dich ganz schnell in dein Karussell. Pass gut auf und bleib jetzt ganz bewusst auf dem Boden."

Ich konnte die Stelle nun deutlich erkennen, die mich ins Karussell führen würde. Mutter Erde sprach weiter: „Frag dich nicht, sondern warte ab. Gib dein Thema dem längeren Atem und die Antwort auf deine Frage wird dir das Leben offenbaren, weißt du? Es würde dir nichts nützen, wenn du all das jetzt wüsstest. Deine Antwort wird keine intellektuelle Antwort, sondern eine wunderbare Erfahrung in deinem Leben sein. Das Ergebnis wird sich für dich öffnen und du darfst dich darauf freuen", ermutigte mich Mutter Erde.

„Weißt du, Mutter Erde, zu warten, wenn man eigentlich tun möchte, das ist nicht nur schwer, sondern auch sehr, sehr unangenehm. Warten zu müssen, tut mir körperlich manchmal sogar weh, in diesen Momenten zieht sich mein Bauch krampfend zusammen und unter der Haut beginnt es zu kribbeln. Ich habe den Eindruck, als ob ich in diesen Phasen ganz viel Kraft habe, die sich gar nicht entfalten kann. Wenn ich dazu noch emotional erregt bin, fühlt es sich an, als müsste ich einen wilden Hengst zähmen", berichtete ich.

„Ganz genau, Kind", sprach Mutter Erde. „Dein noch wilder Hengst ist es, der deine Schöpferkraft für dich ankurbeln möchte. Du kannst sie jedoch noch gar nicht frei für deine göttliche Bestimmung öffnen. Es ist Zeit, dass die Kraft des Hengstes in eine gute Richtung gelenkt werden kann, so dass sich eure Gemüter wieder beruhigen können. Seine Kraft und die Kraft deines Herzens möchten sich wieder vereinigen. Lass dir dabei Zeit. Ich verspreche dir, du versäumst nichts. Nimm deinen Hengst nun am Zügel, dies geschieht immer, wenn du in dir anhalten kannst und nicht auf deine Feuerfragen einsteigst. Atme in diesen Phasen ganz bewusst dreimal durch beide Nasenflügel tief ein und viel länger wieder aus."

Als ich dies vernahm, musste ich wahrlich tief Luft holen und stöhnte leise vor mich hin: „Oh mein Gott, ich kann kaum stillsitzen und jetzt soll ich auch noch atmen."

Mein Bauch krümmte sich bei dieser Aufforderung. Mir wurde heiß und kalt gleichzeitig. Dieser Zustand hielt noch ein paar Minuten an, aber ich atmete tief ein und länger wieder aus. Ich konnte ganz klar erkennen: Ich bin in einem sehr lebendigen Energieprozess, dem ich keinen Namen geben konnte – und das auch nicht wollte.

„Wow, in welch kraftvolle Energieschübe man doch kommen kann", sprach ich seufzend zu Mutter Erde.

Sie antwortete mir: „Kind, komm wir machen eine Übung zusammen. Nimm einen Stuhl, stell ihn in die Mitte des Raumes und sprich alles aus, was dich beschäftigt. Sprich laut in den Raum hinein und geh dabei zunächst einfach um den Stuhl herum."

Okay, dachte ich, das werde ich gleich tun. Ich nahm einen Stuhl und stellte ihn den Raum, ging um ihn herum und fing zu sprechen an: „In mir gibt es etwas, das ich weder weiß, noch kenne. In mir gibt es etwas, das mich jetzt antreibt. In mir gibt es etwas, das mich neugierig macht. In mir gibt es etwas, das mich sehr verwirrt. In mir gibt es etwas, das kraftvoll und ohnmächtig zugleich ist."

Es tat gut, alles aus mir herauszusprechen, denn so rutschte ich nicht in die Ebene des Denkens hinein, sondern hielt meinen wilden Hengst, der sich immer weiter beruhigen konnte, an der Leine fest. Irgendwann setzte ich mich auf den Stuhl und spürte, wie sich meine Energien beruhigten. Das war sehr erleichternd. Ich blieb ruhig sitzen, schaute in meine Hände und fühlte plötzlich von innen heraus, wie es in mir dachte: *Das schaffe ich nie.* Wie ein Geistesblitz schoss diese tiefe Antwort durch meinen Körper.

Eigentlich wollte ich sofort aufstehen und davonrennen, doch ich konnte gar nicht aufstehen. Mein ganzer Körper war wie gelähmt. Also blieb ich sitzen und schaute weiter mit offenen Augen in meine Hände. Ich hatte das Gefühl, meine Hände wollten zu mir sprechen: „Du schaffst es nie."

„Ja", sagte ich, „ich werde es nie schaffen können."

Das war ein sehr schmerzhafter Augenblick, in dem ich das realisieren konnte, obwohl ich doch genau das immer vorgehabt hatte. Es fühlte sich an, als ob ein riesiges Kartenhaus auf einen Schlag zusammenfallen würde. War das das Kartenhaus der Illusion? Die Illusion, ich könnte es eines Tages doch schaffen? Aber was um Himmels willen wollte ich eigentlich schaffen, fragte ich mich. Mein Blick richtete sich starr auf meine Hände.

Der Prozess ging weiter und ich kam zu einer weiteren Einsicht, die mich von selbst erkennen ließ: „Alle meine bisherigen Anstrengungen und Bemühungen, es schaffen zu wollen, waren einfach alle sinnlos, sie waren sowas von unglücklich." Ich spürte plötzlich eine große erschreckende

Sinnlosigkeit in mir. In Windeseile öffnete sich mir ein Film vor meinem geistigen Auge, über den ich rückwirkend beobachten konnte, wie sehr ich mich in den letzten Jahren bei dem Versuch, mein Leben verändern zu wollen, verkrampft hatte.

Dies zu sehen, war gar nicht schön für mich. Wut und Trauer wechselten sich ab. Ich war hellwach in dieser offenen Erkenntnis und fragte mich selbst: „Wie lange möchte ich eigentlich noch kämpfen? Wie lange noch möchte ich mir das antun? Warum will ich etwas erreichen, was ich eh nicht erreichen kann? Das macht doch gar keinen Sinn."

Ich hatte das Gefühl, meine Hände würden immer größer, aber gleichzeitig auch sanfter. Ich sprach über meine Augen wie aus der Tiefe meiner Seele zu ihnen: „Wisst ihr, ich habe den Eindruck, ihr versucht nicht nur, etwas zu erreichen, sondern ihr wollt sogar etwas Besonderes noch besser machen. Ich habe das Gefühl, ihr wollt euch der Welt einfach nur beweisen."

„Doch ich sage euch, für das, was die Seele sich in diesem Leben wirklich wünscht, müsst und könnt ihr nichts tun. Nichts, gar nichts könnt ihr dafür tun. Versteht ihr? Was meine Seele sich wünscht, erfüllt mir Gott und was mein Herz erleben möchte, das erfüllt mir das Leben."

Als ich diese Worte gesprochen hatte, konnte ich noch gar nicht begreifen, was sie wirklich bedeuteten. Doch ich fühlte, dass dieser Satz eine ganz wichtige Botschaft in sich trägt. Ich hielt kurz inne und fasste das Gesprochene noch einmal zusammen: **„Was meine Seele sich wünscht, erfüllt mir Gott, und was mein Herz erleben möchte, erfüllt mir das Leben."** *Hm*, dachte ich stutzig, *wünscht sich denn meine Seele etwas anderes als mein Herz?*

„Nein", sprach es klar und ablehnend aus mir heraus, „ich steige jetzt nicht auf diese Fragen ein. Ich möchte es jetzt gar nicht wissen. Für heute ist es genug."

Ich stand augenblicklich auf, stellte den Stuhl wieder an seinen Platz zurück und ging meinen täglichen Pflichten nach. Am Abend notierte ich mir die Botschaft, die durch mich hindurch gesprochen hatte auf ein weißes Blatt Papier und hängte sie an der Küchentür auf. Dieser Satz hatte für mich eine ganz besondere, geheimnisvolle und eine sehr magische Kraft.

Sicherlich würde mir das Geschriebene viele Fragen eröffnen, doch ich konnte es an diesem Tag einfach so stehenlassen. Ehrlich gesagt war ich auch viel zu müde, um mich auf weitere Fragen einlassen zu können.

Selbst mein Hengst hatte keine Lust, sich zu regen. Bestimmt war auch er von den kraftvollen Eindrücken des Tages einfach nur schlapp. Einfach etwas stehenlassen zu können, war eine ganz neue Erfahrung für mich.

Mutter Erde schenkt uns eine Botschaft: Es gibt im Laufe des ganzheitlichen Erwachens manche Momente, in denen der Mensch auf eine doppelte Aussagekraft stößt. Wenn ein Mensch in dieser gebunden ist, kann seine Persönlichkeit im Grundkern der Aussage stecken bleiben und der Kräftehaushalt kann dadurch nicht mehr frei strömen. Der göttliche Fluss staut oder verhakt sich.

Wenn man die Grundbotschaft erst einmal annimmt und ihr dann eine alte und eine neue Richtung schenkt, ist das für die Ganzheit Mensch wirklich sehr erleichternd und befreiend, denn sie kann alte Themen endgültig abschließen und neue Wege erfüllend öffnen. Diese Chance gilt es, zu nutzen.

Eine Botschaft mit doppelter Aussagekraft signalisiert ganz klar: Das Alte macht überhaupt keinen Sinn. Dies zu erkennen, tut weh, aber es öffnet gleichzeitig auch. Es ist Zeit, in seiner Botschaft anzukommen, um weitergehen zu können. Bitte werft einen Blick auf diese Botschaften mit doppelter Aussagekraft.

Achtet in Liebe und Güte auf sie und erkennt: In dieser (wie in diesem Beispiel) „Sinnlosigkeit" darf man ohne Weiteres in sich ankommen, aber nicht stecken bleiben.

Wenn der Mensch im ganzheitlichen Erwachen, in seiner Botschaft – wie hier in der „Sinnlosigkeit" – bewusst ankommt, ist das für einen Menschen erst einmal sehr erschreckend, denn seine Tagesstruktur erkennt plötzlich Wahrheit und Illusion gleichzeitig. Ihr wird bewusst, was absolut keinen Sinn macht. Dieser Moment der Bewusstwerdung ist ent-täuschend. Werden diese Prozesse nicht unterbunden, löst sich das, was die Tagesstruktur getäuscht hat, energetisch vollkommen auf. Es bindet sich nicht mehr an die Kraft und an den Geist des Menschen.

Diese Prozesse öffnen sich immer erst dann, wenn der Mensch dazu auch die Seelenreife und eine gute Erdung hat. Hat er diese Erdung nicht, kann es sein, dass er sich noch ein bisschen mit seinen unerlösten Themen herumquält. Es drängt ihn dann danach, immer mehr über seine Abläufe wissen zu wollen, stellt sich immer wiederkehrend Warum-, Wieso-, Weshalb-Fragen und schiebt authentisches Ankommen auf die Seite. Leiden, Recherchieren und Diskutieren stehen im Vordergrund.

Wenn Menschen zu lange in eine doppelte Aussagekraft involviert sind, laufen sie Gefahr, dass sie im Negativen, ich nenne es den Feind, der Botschaft, steckenbleiben und ihn an die Persönlichkeit, sogar an das Leben binden. Alleine können sie kaum aus diesen Prozessen aussteigen. Sie erkennen die Türöffnung nicht, sondern nur den Feind. Der Feind, zu dem sie selbst geworden sind.

Wenn du an eine Aussage stößt, die dich voll und ganz einnimmt, dich knebelt oder gar fesselt, ist es Zeit, in dir anzuhalten. Erlaube deiner Kraft sich zu öffnen, begegne dabei

Feind und Türöffnung zugleich. Nehme beide Aspekte und mach sie sichtbar, damit deine Tagesstruktur sie erkennen kann.

Ihre Durchsage endete mit der Botschaft: Bitte seid gütig in diesen Prozessen, denn ganzheitliches Erwachen hat eine ganz eigene Dynamik. Du kannst sie nicht erzwingen, du kannst ihr jedoch liebevoll begegnen.

Erfahrungsnotiz: Was willst du wirklich? Erkenne an, was deine Seele sich wünscht, das kann dir Gott erfüllen. Was dein Herz erleben möchte, erfüllt dir die wohlwollende Kraft des Lebens. Komm immer wieder in dir an und geh in den längeren Atem über. (Der längere Atem bedeutet: Schenk dem Leben deine Frage, deinen Wunsch oder deine Intention, jedoch ohne eine Antwort zu erwarten.) Öffne dich, wenn sich dein Leben einfach nicht verändern lässt, für die energetische Frage, die keine Antwort, sondern ein Ergebnis finden möchte: „Was wäre, wenn Gott Vater für mich etwas ganz anderes vorhergesehen hätte, als das, wonach ich strebe, dürste, weine oder wofür ich kämpfe?" Gib diese Frage deinem längeren Atem und du wirst sehen: Die Antwort auf deine Frage wird dir das Leben offenbaren. Gib der Zeit dabei keine Aufmerksamkeit. Wisse: Deine Antwort wird niemals eine wissende Antwort sein, sondern eine wunderbare Erfahrung in deinem Leben. Komm, schenk dem Leben dein ältestes Gebet. Dieses Gebet trägt keinen Namen, auch keine Worte. Dieses Gebet spricht sich von selbst, wenn du in dir angekommen bist. Dann, wenn es zuvor laut und danach ruhig in dir werden konnte. Wichtig: Die beste Zeit, um in dir anzukommen, ist nicht, wenn es eh schon friedlich um dich herum ist, sondern die beste Zeit ist immer dann, wenn es emotional laut, stumm oder bereits fragend in dir geworden ist. Wenn die Prozesse so richtig akut durch dich hindurchtickern, ist die beste Gelegenheit, um in dir anzukommen. In diesen Momenten lernst du, die Kraft zu dir zurückzunehmen, damit sich dein Kräftehaushalt in göttliche Balance bringen kann. Dein Hengst beginnt, sich auf die eigentliche Aufgabe vorzubereiten. Er hilft dir, dass du dem Blinden, dem Buddha oder der Buddhine in dir begegnen kannst. Nutze dazu stets deine aufkommenden Geschehen. Verurteile weder sie noch dich. Ermögliche dir dabei ganz viel Güte. Erkenne: Dort, in deinem wirkenden Geschehen, warten viele heilige Momente. Heilige Momente deshalb, weil du in diesem Geschehen wahrhaftig bist. In dieser Wahrhaftigkeit liegen deine Kraft und der Schlüssel der Öffnung. Du kommst dorthin, wo das Dornröschen in dir schläft. Das Aschenputtel glaubt, ein Aschenputtel zu sein, oder du kommst auch an jenen Ort in dir, wo du durchaus eine Goldmarie sein kannst. Nutze deine wirkenden Emotionen lediglich, um in dir anzukommen und nicht, um dich zu hinterfragen. Dein Ankommen wird dich in deine ganzheitliche Öffnung sowie durch deine heilsamen Wandlungsphasen hindurchführen. Wisse: In deinen lebendigen Prozessen und im wirkenden Geschehen bist du stets authentisch, auch wenn es dir nicht so vorkommen mag.

Übung No.12: *Komm in den längeren Atem*

Kapitel 13: Die Urkraft öffnet sich

Ich blieb noch ein bisschen in meinem Sessel sitzen und verinnerlichte mir folgenden Satz: Immer wenn du in dir ankommst, geschehen Öffnung und Wandlung zugleich. In diesen Augenblicken reichst du der gütigen Kraft des Lebens immer deine Hände. Diese Augenblicke sind die kraftvollsten überhaupt, denn sie werden dir den Weg ins Leben öffnen. Es werden neue Wege sein, die du vielleicht heute noch nicht kennst, die du aber ohne Weiteres gehen, greifen und erleben kannst. Schenke dir ein weiches Gefühl, dann: wenn es gerade unrund ist in dir.

Ich reflektierte gerne auf ihre wunderbaren Botschaften und auf die Qualität der Güte die sie verkörpert und ermöglicht. Sie ist nicht nur eine wunderbare Heilerin, sondern auch der Retter in jedem Egokonflikt.

Ich liebe diese Qualität und die Möglichkeit, sich selbst in einem unrunden Moment ein weiches Gefühl ermöglichen zu können. (Auch wenn es mir im akuten Geschehen nicht immer gelingt, daran zu denken, es zu tun, erkenne ich: Es gelingt mir immer öfter.)

Als ich so über die Heilkraft der Güte nachdachte, öffnete sich mir ein angenehm wohliges Gefühl, welches zu mir sprach: „Wow, wie stolz macht es mich, mir selbst und allem, was zu mir gehört, immer leichter begegnen zu können." Daraufhin kehrte eine ganz sanfte Ruhe in mir ein. Eine Ruhe, in der ich mich sicher und getragen fühlte. Ich hatte den Eindruck, dass dieses Gefühl irgendwie neu für mich war.

Es war spät und ich ging zu Bett. Meine Hände nahmen eine Gebetshaltung ein. Leise sprach ich in den Äther des Raumes.

„Gott Vater, danke, dass du mich trägst. Danke, dass du für mich da bist und mich erfüllst."

Es knisterte, als ob gleich jemand mit mir sprechen wollte und ja, ich konnte tatsächlich hören, wie jemand zu mir sprach: „Kind, es ist nicht Gott Vater, der dich trägt, es ist das Leben."

Ich erschrak, hielt kurz inne und fragte erstaunt nach: „Wie, das Leben?"

„Ja", erklang die Stimme noch einmal, „es ist die wohlwollende Kraft des Lebens."

Ich hatte das Gefühl, mein Schlafzimmer wurde von einer magischen Kraft erfüllt und eine tiefe Realisation – „für mich ist gesorgt" – kam mir in diesem Augenblick ganz nah, wurde mir bewusst. In diesem Moment mangelte es mir an nichts. Keine Sorgen, kein „Was muss ich noch tun?". Es gab nichts, was mich bekümmerte. Ich wusste nicht: Dauerte diese Realisation nur eine Minute oder dauerte sie länger? Irgendwie fühlte es sich in diesem Augenblick ewig an.

Ewig war dieser Moment jedoch nicht, denn die Gabe des Denkens drängte sich mir von selbst wieder auf. Sie bewegte meinen Geist in die Erkenntnis: „Und ich dachte, es gibt nur Gott Vater, die Engel und seine Lichtmeister. Ich ging immer davon aus, es gibt Mutter Erde, ihre Boten und Helfer. Nun darf ich erfahren, es gibt eine wunderbar tragende Essenz im Leben selbst. Wow, vom Leben getragen zu sein. Wie cool ist auch das!"

Ich hatte tatsächlich eine Begegnung mit der Kraft des Lebens. Ich war hin und weg und bekundete stolz: „Wow, ich bin im Leben und ich lebe." Im Dunkeln spürte ich meine gefalteten Hände, die meine Aufmerksamkeit wünschten. Es war, als ob sie mich mit fest ineinandergekrallten Fingern, sprachlos ansehen und mich missverständlich fragen würden: „Leben? Was ist das?"

„Hey, wir leben", antwortete ich, doch meine Finger bewegten sich nicht, sie blieben stumm. Ich wiederholte meine Worte und der Atem zitterte durch meinen Körper hindurch. Plötzlich stolperte mein Herzschlag. Ich erschrak und ein einziger Gedanke lag mir auf der Zunge: „Muss ich jetzt sterben?"

Ich traute mich kaum, zu atmen. Meine Aura begann wellenförmig zu schwingen und aus meinen Augen kullerten die ersten Tränen.

Es knisterte und ich vernahm eine Stimme, die sprach: „Atme, Kind, atme." Ja, ich muss atmen, dachte es in mir. Atmen. Ich holte tief Luft und beim Ausatmen löste sich ein Pfropfen im Brustbereich, dem augenblicklich ein heller Energiestrom folgte.

Mein Bauch zog sich zusammen und es war, als hätte ich mich energetisch übergeben. „Oh mein Gott", murmelte ich vor mich hin, „was ist denn jetzt los?"

Durch das laute Stolpern meines Herzens wurde sehr viel Adrenalin in mir freigesetzt, welches durch meine Energiebahnen strömte, sich flächendeckend in meinem Körper verteilte und ihn in starke Regungen versetzte. Kurz gesagt: Es schüttelte mich am ganzen Leibe.

Die Stimme sprach erneut: „Atme, Kind. Atme und sprich. Sprich, dann kann es nicht denken."

„Okay, das werde ich tun", antwortete ich und fing zu sprechen an: „Der Atem kommt, der Atem geht. Er kommt und geht. Ich atme ein. Ich atme aus. Ein und aus. Ein. Aus."

In diesem Geschehen war ich froh, gelernt zu haben, meine Gedanken ruhig zu halten, sonst hätte diese Erfahrung eine angstmachende Panikattacke ausgelöst. Ich blieb liegen, atmete in meinem Geschehen weiter und blieb im Redefluss. Es wurde ruhiger und gelassener. Das Zittern, Schütteln und Beben hörten auf und irgendwann fühlte ich mich wie auf einer Luftmatratze im offenen Meer. Mein Körper wurde nach und nach weicher, ruhiger und sanfter. Kurze Zeit später bin ich erfüllt eingeschlafen.

Erfahrungsnotiz: Die Urkraft öffnet sich. Wenn die Urkraft im Menschen sich zu öffnen beginnt, kann ein Teil in dir Angst bekommen. Die Urkraft kann Bereiche in dir berühren, die sich nicht mehr frei öffnen können. In diesen Phasen ist es absolut wichtig, so gut es geht, Ruhe zu bewahren und mit dem wirkenden Geschehen zu atmen. In der Regel dauern diese Phasen nur sieben Minuten an, dann haben sie ihren Höhepunkt erreicht und es wird wieder ruhiger. In der akuten Phase ist es wichtig, dass du sprichst. Wenn du sprichst, verhaken sich deine Gedanken nicht, so kannst du nicht in die große Panik hineinrutschen. Es genügt, wenn du sagst: Der Atem kommt, der Atem geht. Er kommt. Er geht. Es atmet ein und aus.

Übung No.13: *Energetische Wandlung*

Kapitel 14: Das Leben meint es gut

Am nächsten Morgen wurde ich mit einem suchenden Gefühl wach. „Ist es noch da?" Zuerst konnte ich gar nicht klar erfassen, um was es eigentlich ging und fragte mich selbst: „Was ist noch da? Um was geht es?"

„Um das Getragen-Sein", antwortete mir mein Bauchgefühl, „ist es noch da?"

Meine Hände bewegten sich augenblicklich, als ob sie zu mir sprechen wollten: „Ja, es ist noch da. Wir leben. Ja, wir leben, wir atmen, wir sehen, es kann denken und ich kann sprechen."

Der Tag fängt ja kraftvoll an, dachte ich, stand auf und setzte mich umgehend in meinen Arbeitssessel. Dort hielt ich inne und sprach zu Mutter Erde: „Mutter Erde?"

Ich konnte sofort ihre Stimme hören: „Hm?"

„Mutter Erde, ich hatte gestern Abend ein wunderschönes und auch ein erschreckendes Erlebnis."

„Oh", antwortete sie mir.

„Mutter Erde, ich weiß jetzt, was ich möchte", erzählte ich weiter.

„Was denn?", wollte sie wissen.

„Ich möchte leben."

„Kind, das tust du schon", entgegnete sie mir.

„Ja, aber ich möchte mehr von dieser tragenden Essenz, die im Leben schlummert, erfahren. Ich habe das Gefühl, ich kenne diese Kraft des Lebens gar nicht."

„Das stimmt, du kennst die wahre Essenz des Lebens nicht bewusst", bestätigte sie mir.

„Gestern hat sich ein Pfropfen in mir lösen können und ich hatte den Eindruck, als müsste ich mich energetisch übergeben. Mein Körper reagierte sehr stark darauf. Nun, ich habe Hilfe

bekommen und geatmet. So konnte ich mich gut durch dieses Geschehen bringen. Es war eine kraftvolle Erfahrung, Mutter Erde, und ich bin wirklich dankbar, dass ich keine Panik bekommen habe. Vielleicht wurde ich vorab in dieses tragende Gefühl
gebracht, damit ich in dieser Öffnung Halt finden konnte. Weißt du, Mutter Erde, diese Erfahrung war wirklich unangenehm, aber auch so wertvoll, denn dieses Gefühl, so getragen zu sein, war einmalig schön. Ich wünschte, ich hätte es immer."

„Kind", sprach sie ruhig, „du hast es immer. Nur befindest du dich nicht immer in der Ebene, in der es dir bewusst und greifbar ist. Dein Bewusstsein bindet deine Kraft oft in anderen Gefilden."

„Was für Gefilde, Mutter Erde?", wollte ich wissen.

„Kind", sprach Mutter Erde, „wo bist du, wenn du dich nicht getragen oder glücklich fühlst?"

„Vielleicht bin ich viel zu oft im Müssen, Haben, Wollen, Tun sowie im Erklären-Können."

„Ja, siehst du, Kind, dort ist aber nicht die Kraft des Lebens."

„Viel zu lange war ich auch im Modus ‚Wie geht es nur weiter?' in mir selbst gefangen und dann kamen noch meine drehenden Gedanken dazu. Aber", fügte ich ausgleichend hinzu, „diese sind bei Weitem nicht mehr so stark wie früher."

„Ja, das stimmt", antwortete mir Mutter Erde. In dir durfte sich schon viel lockern und deine Bremse hat sich auch schon etwas öffnen können. Du kannst auch schon anhalten und viel leichter erkennen, wann du wo bist. Du erkennst nun immer mehr, wann dein Hengst ungehalten wird und manchmal kannst du ihn auch schon an deine Zügel nehmen. Das gefällt mir."

„Ja und das Schöne ist", räumte ich ein, „nervige Fragen werden nun einfach so stehengelassen."

„Das ist gut, Kind", lobte mich Mutter Erde und ich antwortete:

„Ja und das macht mich unwahrscheinlich stolz, sogar sehr stolz. Mutter Erde, darf ich dich etwas fragen?"

„Na klar", bestätigte sie.

„Gestern, kurz bevor die Kraft des Lebens zu mir gesprochen hat, war alles so magisch, als würde sich der Raum im Zimmer öffnen. Es war irgendwie anders, als wenn Gott Vater zu mir spricht. Weißt du, ich war immer davon überzeugt, Gott Vater allein trägt mich."

Einen Augenblick lang war es sehr ruhig und dann antwortete sie mir: „Nun, die himmlische Präsenz, das, was ihr Gott Vater nennt, erfüllt, was die Seele braucht, schützt alle Menschen und auch dich, wacht über deine Seele und über dem Stern deiner göttlichen Bestimmung. Dieser Stern ist aber nicht nur ein Stern, sondern ein ganz besonderes Kraftfeld, das sich zu öffnen beginnt, wenn der Sonnenmagnet im Menschen Aufmerksamkeit bekommt. Die wohlwollende Kraft des Lebens, sie ist euch Menschen viel, viel näher als der himmlische Segen von Gott Vater."

„Wirklich?", brachte ich erstaunt hervor.

„Ja, diese wohlwollende Kraft kann den Menschen auf allen Ebenen gleichzeitig beglücken und wenn der Mensch bei seiner Ganzheit im Leben angekommen ist, öffnet sich ihm im völligen Gleichgewicht auch der Stern der göttlichen Bestimmung. Geschieht dies, sind das ganz besondere Momente im Leben eines Menschen. Es ist ein Augenblick … vergleichbar mit dem Märchen von Frau Holle, als die Goldmarie durch den Torbogen geht und mit Gold und Glück gesegnet wird."

So eine kraftvolle Ansage, dachte ich mir. Jedoch musste ich feststellen, dass ich bei der Aussage „die wohlwollende Kraft des Lebens beglückt mich" energetisch ins Stocken kam.

Danach konnte ich Worte der Mutter Erde nicht mehr frei aufnehmen. Dies konnte ich deutlich erkennen. Deshalb stoppte ich mit tiefen Atemzügen ihren Redefluss.

Gespannt auf die Antwort zu meiner Frage wollte ich wissen: „Wie meinst du das, Mutter Erde, die Kraft des Lebens möchte mich stets beglücken? Wenn das wirklich so wäre, dann sag mir bitte, warum war dann mein Leben immer so anstrengend? Warum hatte ich so viele Schicksalsschläge, so viel Kummer und Leid?"

„Nun, Kind, es kann sein, dass du bisher das Leben nicht als deinen Freund angenommen hast. Vielleicht wolltest du vom Leben hauptsächlich lernen und es war für dich eher ein strenger Lehrer als ein guter Freund. Es kann durchaus sein, dass deine schöpferische Kraft des Lebens gar nicht mehr eins mit der magischen Kraft des Lebens war, weil dein System in dir etwas unterdrückt hat oder etwas in deinem Kräftehaushalt nicht mehr frei strömen konnte. Weißt du, Kind, das lässt sich so gar nicht beantworten und ein heutiges Warum, Wieso, Weshalb ist rückblickend auf einer Ebene gar nicht so wichtig. Viel wichtiger ist jetzt, dass du dich gegenwärtig in der wohlwollenden Kraft des Lebens einpendeln kannst.

„Okay, ich möchte es so annehmen können", entgegnete ich und sprach weiter: „Mutter Erde, kannst du mir noch mehr über die geheimnisvolle Kraft des Lebens verraten?"

Es wurde augenblicklich ruhig in mir und auch ruhig im Äther. Irgendwie hatte ich das Gefühl, Mutter Erde überlegte nun ganz genau, was sie mir auf meine Frage antworten wollte.

„Kind, ich verrate dir jetzt das Wichtigste, hör genau hin!"

„**Wisse: Das Leben hat nur ein Bestreben, es möchte, dass es dir gut geht und dass sich dein Inkarnationsauftrag auch erfolgreich erfüllt.**"

Als Mutter Erde dies ausgesprochen hatte, verspürte ich plötzlich einen Kloß im Hals. Es fühlte sich für mich an, als würde ich vor einer Wand stehen. „Das Leben möchte, dass sich mein Inkarnationsauftrag erfüllt?", hakte ich nach und spürte plötzlich einen Energiestrom, den ich überhaupt nicht zuordnen konnte.

Warum reagiere ich ständig, was ist das? Widerstand, Unverständnis oder verstehe ich etwas nicht? Jetzt nur nicht unruhig werden, sonst reißt der Hengst in mir aus. Ich atmete tief ein und aus. So konnte ich mein Wirken im Blick behalten und mich etwas besänftigen. „Mutter Erde", stammelte ich leise und zögerlich, jedoch mit unterschwellig wirkenden Kräften vor mich hin. „Deine Aussage, sie wirkt in mir."

„Oh ja, Kind."

„Ich habe das Gefühl, als würde ich vor einer dicken Mauer stehen."

„Das stimmt", bestätigte sie.

„Mutter Erde, was ist das für eine Mauer? Ich habe das Gefühl, da gibt es gar keinen Durchgang." „Ja, Kind, ein Teil von dir kann nur die Mauer sehen, aber keinen Durchgang erkennen."

„Ja", entgegnete ich, „genau so nehme ich es wahr." Ich atmete ein paarmal tief ein und aus und wollte von ihr wissen: „Mutter Erde, kannst du mir etwas über diese Mauer erzählen und mir helfen, den Durchgang zu erkennen?"

„Langsam, ganz langsam. Ja, ich werde dir gerne mehr darüber erzählen, aber für heute kann ich dir nur sagen, du bist bereits dabei, zu erkennen, wann du davorstehst und wann es Zeit ist, sich von ihr abzuwenden. Bitte bleib jetzt im längeren

Atem und wisse, du versäumst nichts. Nichts versäumst du, okay? Bald schon wirst du erkennen können, worauf es wirklich, wirklich ankommt."

Ihre Worte gaben mir Halt und ich hatte zum ersten Mal das Gefühl, dass meine Wurzeln und ihre Wurzeln eins werden könnten. Die Gewissheit, nichts zu versäumen, ermöglichte mir, viel leichter in den längeren Atem überzugehen und diese Themen einfach so stehenlassen zu können.

Mutter Erde sagte: „Kind, wenn du möchtest, schenke ich dir noch eine kleine, aber sehr wertvolle Übung. Frag dich bitte: Wohin sehe ich, wenn ich an die Mauer denke? Lass deinen Augen einen Moment Zeit, bis sie diesen Punkt auch wirklich finden können. Komm dann in diesem Punkt an, das heißt, nimm ihn für dich bewusst wahr und halte deinen Blick für einige Minuten dort."

Ich habe die Übung sofort durchgeführt. Meine Augen bewegten sich hin und her, als ob sie sich fragen würden: Wo ist nur dieser Punkt zu finden? Nach wenigen Sekunden wurde es schon ruhiger und sie hatten ihn gefunden. Mein Kopf drehte sich etwas nach links und dort sahen meine Augen auf den Boden. Als ich erkennen konnte, dass dies mein Punkt war, sprach Mutter Erde zu mir: „Schau mal! Dort, wo du jetzt hinsiehst, ist der Fixpunkt deiner Mauer, die du eben gespürt hast."

„Wirklich?", fragte ich. „Das ist der Punkt meiner Mauer?"

„Ja, in diesem Punkt lassen sich alle wichtigen Informationen über deine Mauer öffnen. Dort bekommst du Einblicke in Ursprung und Wirkung. Alles findet sich an diesem Punkt wieder. Er gibt dir sogar Auskunft über deine Gewohnheiten, Träume, Wünsche, Sehnsüchte und über das Zusammenspiel deines Kräftehaushaltes."

Ich war wie angewurzelt und entgegnete allein schon aus der Haltung heraus etwas starr: „Okay, das klingt ja echt spannend. Doch was mache ich jetzt an diesem Punkt?"

Mutter Erde antwortete mir: „Erst einmal gar nichts. Du kannst dir aber eine neue Frage stellen und dich fragen: ‚Wohin darf ich sehen, wenn ich an den Ausgang der Mauer denke?' Schau mal! Wohin möchten deine Augen jetzt sehen? Warte einen Augenblick. Ich werde dir die Frage noch einmal stellen, so dass dir die Wahrheit Gottes antworten kann, wohin deine Blickrichtung geht, wenn ich dich frage, wo der Ausgang deiner Mauer ist."

Ich konnte wahrnehmen, wie sich mein Kopf und mein ganzer Rumpf nach rechts drehen wollten. „Kind", sprach Mutter Erde, „dort, genau dort, ist dein Ausgang. Bitte sieh dorthin und stell dir vor deinem geistigen Auge ganz kurz eine goldgelbe Sonne vor. Erinnere dich an das Gefühl, vom Leben getragen zu werden und lass geschehen."

Ich sah im Geiste in die Sonne hinein und spürte, wie mich ein Lichtstrom am Kopf berührte. Ich bemühte mich, das Bild der Sonne noch länger zu halten, doch es ging nicht. Ich wurde so müde, dass ich mich umgehend hinlegen musste. Ich versank in einen tiefen Schlaf und schlief am helllichten Tag über vier Stunden tief und fest.

Erfahrungsnotiz: Das Leben meint es gut. Erfahre nun, was du über die wohlwollende Kraft des Lebens wissen solltest! Das oberste Prinzip lautet: Das Leben in seiner schöpferischen Essenz ist grundsätzlich grenzenlos wohlwollend und voller Wunder. Es möchte, dass es dir richtig gut geht. Das Leben, es möchte dich stets segnen und es hilft dir, deinen persönlichen Inkarnationsauftrag erfüllt erleben zu können. Schwingen die

Kraft des Lebens und dein Kräftehaushalt harmonisch Seite an Seite mit deiner Seelennatur, kann sich der Stern deiner göttlichen Bestimmung, über den die geistige Welt wacht, wunderbar für dich öffnen. Geschieht dies, kannst du einen greifbaren, himmlischen Segen sowie eine starke Veränderung zum Guten empfangen. Wisse: Jedes Mal, wenn du in dir ankommst, vollziehen und fügen sich diese Abläufe für dich ganz automatisch. Das Ankommen in deinem gegenwärtigen Geschehen ist unübertrefflich heilsam, vielseitig, bewegend und letztendlich von Segen gekrönt. Stell dir einfach die Frage: Wie komme ich in das Feld der göttlichen Ordnung? Hab nicht den Wunsch auf eine Antwort, sondern freue dich auf die Bewegung, die sich über diese Frage aus der Schöpferkraft heraus für dich öffnen wird. Hab nicht die Absicht, diese Bewegung fühlen zu wollen, freue dich vielmehr auf das Ergebnis. Sprich in einer sternenklaren Nacht zum Himmel: „Gott Vater, bitte bring mich in die Position, durch die sich mein Stern und seine magische Essenz öffnen werden." Wie öffnet sich mein göttlicher Stern? Bitte mach mir deine Antwort so klar, dass ich sie erkennen kann.

Übung No.14: *Erkenne den Fixpunkt deiner Mauer*

Kapitel 15: Ist zu viel Glück ungesund?

Der Rückschlag

Nach diesem Heilschlaf und der wunderbaren Erfahrung, vom Leben getragen zu sein, fühlte ich mich ein paar Tage lang dem Himmel, der Erde und mir selbst ganz nahe, geborgen und geschützt. Mein Leben fühlte sich wie eine starke, lebendige Einheit an. Es gab nichts, was mich hindern und nichts, was mich negativ in seinen Bann ziehen oder fesseln konnte.

Ich erkannte mich frei und glücklich wie noch nie in meinem Leben. In völliger Selbstsicherheit fühlte ich mich im greifbaren Glück angekommen. Doch auf diesen glücksverheißenden Zustand hin geschah etwas sehr Unangenehmes, das ich dir jetzt gerne erzählen möchte.

Auf diese Lebensöffnung reagierte mein System mit einem energetischen Absturz. Erst im Nachhinein konnte ich erkennen, dass selbst diese Reaktion etwas Natürliches in sich hatte.

Was geschah? Am vierten Tag nach meiner heißen Glücksphase rutschte ich wie in eine energetische Mulde hinein. Es war, als hätte sich ein Hebel in mir umgelegt. Aus heiterem Himmel zog es mich in ein tiefes Loch. *Was ist los?*, dachte es in mir. Ich verstand das nicht, es war mir in den letzten Tagen doch so blendend gut ergangen und nun schien das wunderbare Glücksgefühl wie weggewischt zu sein. Ich fühlte mich einsam, armselig und verlassen. Stunde um Stunde wurde es stiller in mir.

Es fühlte sich leer, traurig und bewegungslos in mir an. Jeder Schritt, den ich gehen musste, kostete mich immense Kraft. Kreativ zu sein, war nicht möglich, es kam noch nicht einmal der Gedanke auf, überhaupt etwas tun zu wollen. Es war eine düstere Trostlosigkeit, die ich so nicht kannte.

Bis zu diesem Zeitpunkt hätte ich den Begriff Depression nicht beschreiben können. Heute kann ich sagen: Sie ist wie eine Mulde, in die man ohne erkennbaren Grund hineinrutschen kann. In ihr ist es dunkel, still und bewegungslos. In dieser Mulde hat der Mensch absolut keinen Zugang zu seiner Feuer- und Inspirationskraft, weil er dort keinen Zugriff auf seinen natürlichen Antrieb hat, kann er seinen Zustand selbst gar nicht verändern. Die Feuerkraft im Menschen kann in dieser Mulde deshalb nicht zünden.

Auch am nächsten Tag konnten sich meine Lippen kaum bewegen. Es wollte einfach nicht in mir sprechen. Doch es schien, als hätte sich über Nacht etwas in mir bewegt. Ich konnte erkennen, wie ein Teil in mir im düsteren Eingebunden-Sein wach und klar war. Durch ihn begann es, am Rande in mir zu realisieren: „Damit sich dein Zustand wieder verändert, musst du etwas tun. Auf, geh raus in die Natur!" Dies umzusetzen, war schwer, denn ich hatte nicht im Ansatz das Gefühl, hierfür die notwendige Kraft aufbringen zu können.

Zum Glück war dieser Teil außerhalb der Mulde hartnäckig. Er hat mir keine Ruhe gelassen und spornte mich immer wieder an. Ich hatte den Eindruck, er wollte mich aus dieser Mulde herausbefördern. Ganz langsam kehrte meine Kraft zurück, so dass ich mich am Nachmittag zu meinem gewohnten Spazierweg im Naturschutzgebiet am Rhein aufmachen konnte.

Dort angekommen, ging ich ca. drei Kilometer schweigend vor mich hin, bis ich die ersten Worte zu meinem Empfinden aussprechen konnte.

„Mutter Erde, ich fühle mich leer", ich legte eine Pause ein und sprach weiter, „ich fühle mich trostlos." Auch dieses Empfinden brauchte Raum und Zeit, um sich ausschwingen zu können. „Ich hatte in den letzten Stunden kaum einen natürlichen Antrieb. Ich war wie gelähmt und es war alles so still. Mutter Erde, bitte sag mir, ist alles in Ordnung? Das wäre gut für mich zu wissen, denn dieser Zustand macht mir große Angst."

Leider konnte ich sie nicht wie sonst hören und so stellte ich mir einfach vor, wie sie zu mir sprechen würde: „Oh ja, Kind. Es ist alles in Ordnung."

Weit, ganz weit, ging ich am Rheindamm entlang. Viel weiter, als ich mich sonst getrauen würde, alleine zu gehen. Doch irgendwie bekümmerte mich das in diesem wirkenden Prozess überhaupt nicht und so kam es, dass ich in ein mir fremdes Waldgebiet hineinging.

Ich kam an eine Quelle, setzte mich dort auf ein am Ufer liegendes Holzstück und sah mich um. Die Umgebung schien mir fremd und dadurch wurde mir erst richtig bewusst, wie weit ich mich vom Auto entfernt hatte. Als ich diese Tatsache realisierte, hatte mich die Angst des Körpers bereits fühlbar bis zum Hals gepackt.

Dabei fiel mir auf, wie mein Körper reagierte, mein Herz raste, aber mein Geist im Geschehen außergewöhnlich ruhig blieb. Dadurch konnte ich das Geschehen selbst beobachten und es sprach aus mir heraus: „Was geht hier vor sich? Jetzt bewege ich mich schon im düsteren Winkel meines Lebens und nun soll ich noch Angst innerhalb der Angst bekommen? Was soll das? Was ist das für ein Drama, in dem ich stecke? Schlechter als schlecht kann es mir nun wirklich nicht gehen."

Doch, brummten meine Gedanken vom Hinterkopf aus durch mich hindurch. *Es könnte dich gleich jemand von hinten packen. Dann wäre es das gewesen.*

„Na klar", murmelte ich vor mich hin, „es könnte mich jemand von hinten packen und mich eiskalt ermorden oder was?"

Ich fühlte eine innere Regung die sprach: „Oh ja, das ist ja noch schlimmer, als Angst zu haben."

An diesem Punkt angekommen, fühlte ich etwas, was ich so bisher noch nie in mir realisiert hatte. Ich fragte mich: „Begegne ich tatsächlich meiner ältesten Befürchtung oder wem begegne ich hier wirklich?"

Plötzlich wurde es merklich ruhig in mir und ich erkannte: In diesem energetischen Wirken war nichts. Gar nichts. Ich konnte noch nicht einmal einen Hauch von Sicherheit wahrnehmen. Sicherheit, was ist das? Vertrauen, was ist das? Rückhalt, kenne ich das?

Vor meinem geistigen Auge lief ein Film ab, in dem ich sehen konnte, wie ich mir in den letzten, vergangenen Jahren, meine heile Welt zurechtgeschustert hatte, damit ich so einigermaßen über die Runden kommen und im Leben Fuß fassen konnte.

Dabei wurde mir schlagartig bewusst, wie genügsam ich doch war, dass ich mit sehr wenig und noch viel weniger als wenig zurechtkam. Ich erkannte auch ganz klar, wie ein Teil in mir sogar stolz darauf gewesen ist, dazu in der Lage zu sein. Aber in diesem Augenblick empfand ich dieses „Stolz sein können" einfach nur als schwachsinnig und weit mehr als begrenzend.

Das ist doch kein Leben, sondern der lebendige Beweis für das von mir gelebte Prinzip „Nur fürs Überleben", setzte ich wütend auf mein Empfinden. Was sollte das? Warum tat ich das? Sitzend inmitten einer greifbaren Leere und einer immensen Wut im Bauch und gleichzeitig umgeben von der heilsamen Regung der Natur, sah ich mit wachem Blick in den Bach hinein.

Oh mein Gott, ich war mal wieder an einem Punkt, an dem ich nur sprachlos darüber staunen konnte, wie wir Menschen so multidimensional berührt werden und so wenig Ahnung davon haben, was wirklich geschieht. Nach und nach wurde es fühlbar ruhiger in meinem Körper und mich beschäftigte eine sehr wichtige Frage.

Eine Frage, die ich völlig spontan und ohne darüber nachzudenken einfach so ausgesprochen hatte: „Man sagt doch, alles schlummert in einem. Alles ist schon in uns Menschen verankert. Liebe, Vertrauen, Sicherheit, Mut, Glaube. All die Werte, die wir brauchen, schlummern bereits in uns. Was wäre aber, wenn ich als Mensch oder wenn der Kräftehaushalt selbst gar nicht mehr auf diese Werte zurückgreifen könnte? Was wäre dann?"

Diese Betrachtung machte mich, als ich sie ausgesprochen hatte, wirklich neugierig und ich wollte wissen, wie ich Vertrauen in mir erwecken konnte, wenn mein System Vertrauen also solches doch gar nicht mehr kannte.

Nun hatte ich eine klare Absicht, die ich laut aussprach: „Wie kann ich auf einem Gefühl der Sicherheit getragen durchs Leben gehen, wenn mein System an sich gar nicht mehr auf Sicherheit zugreifen kann? Ich kann doch nicht vor dem Spiegel stehen und mir sagen: Ich bin sicher, ich bin sicher, ich bin sicher."

In der Unsicherheit ist meine Kraft sich ihrer sicher. Das war nun deutlich erkennbar. Ich wollte aber die Kraft, die in der Unsicherheit schlummert, dort nicht weiterhin gebunden halten. Ich wollte mich im Vertrauen und in dem, was Sicherheit wirklich ausmacht, erfüllt wissen. Doch was sind Vertrauen, Sicherheit und Mut eigentlich wirklich?

Sind sie stets nur ein Gedanke, ein Gefühl, ein Sein oder eine Kraft? Ich wusste es in diesem Augenblick ganz einfach nicht und sprach erneut den Satz aus: „Wie kann ich Sicherheit erfahren, wenn ich in mir nicht mehr darauf zurückgreifen kann?"

Plötzlich hatte ich das Gefühl, dass der Bach, an dem ich saß, zu mir sprach: „Komm ins Leben, dort findest du, was du in dir nicht öffnen kannst."

Ich hielt den Atem an, war hellwach und erkannte ganz klar: Diese Worte hatte ich mir nicht ausgedacht, es war die Stimme der Natur oder die des Baches, die zu mir sprach.

Okay, ein Bach als Weggefährte, staunte ich. *Wie schön*, doch zeitgleich dachte es in mir: *Aber um dich erneut hören zu können, komme ich alleine nicht mehr hierher.*

Daraufhin konnte ich schon wieder lachen und erkannte: Ich, wie schön! Ich bin ja wieder ich. Mit allem, was zu mir gehört: Freude, Schalk, Humor, Zuversicht, Neugierde, einer großen Brise Unsicherheit und einer Botschaft. Einer Botschaft, zu der es allerdings keine Gebrauchsanweisung gab.

Es war eine kraftvolle und eine sehr nüchterne Message: „Komm ins Leben, dort findest du, was du in dir nicht mehr öffnen kannst", und ich vollendetet den Satz mit den Worten, „aber was für mein Leben wichtig ist." Diese Botschaft war so bewegend für mich, dass ich nicht länger sitzen bleiben konnte. Wachgerüttelt, neugierig und gestärkt zugleich machte ich mich wieder auf den Rückweg.

Die geistige Welt schenkt uns eine Botschaft: Es kann sein, dass du eine echte Öffnung des Glückes, der Zuversicht, der Freiheit oder der Herzensliebe erleben kannst und wenige Tage später geht es dir plötzlich total schlecht: Aufpassen!

Auch wenn es sich tatsächlich so anfühlen kann, ist es kein wirklicher Absturz: Diese Reaktionen sind an sich ganz normal, denn wenn es eine Ganzheit bisher nicht gewohnt war, sich im Kräftehaushalt und dem Leben öffnen zu können, dann wehrt sich dein System massiv gegen Freiheit, Glück, Veränderung und Wohlergehen. Es sucht nach der ältesten Ausrede, um ja nicht weitergehen zu müssen. Steig nicht darauf ein!

Die göttliche Freiheit in dir nutzt jede noch so kleine Gelegenheit, die ihr gegeben wird, um noch mehr Freiheit, Liebe und Glück an die Oberfläche bringen und in dir befreien zu können. Die Freiheit bringt aber auch immer das mit an die Oberfläche, was bisher zurückgehalten wurde. So oder so.

Durch jede ganzheitliche Öffnung wirst du auf ganz natürliche Weise mit versteckten Themen berührt. Wann immer du im ganzheitlichen Kräftehaushalt Freiheit, Liebe und Glück erkennen oder sogar öffnen kannst, versucht die energetische Gewohnheit, dich im alten Wirken festzuhalten. Sie will halten. Punkt! Dieser Punkt des Haltens, möchte dich zu gerne davon überzeugen, dass ein Punkt ein Punkt ist. Hier darfst du sehr achtsam sein, innere Reibungspunkte liebevoll begrüßen und dir selbst Güte, Güte und nochmals Güte schenken.

Wie lässt sich Güte in einem Satz beschreiben? Nun, Güte ist die Möglichkeit, dir selbst ein weiches Gefühl zu schenken – besonders dann, wenn es gerade nicht weich in dir ist. Lass es einfach weich in dir werden – wenn es rumort, tickert und zweifelnd unrund ist.

Unrund ist das Gegenteil von Güte. Ganzheitliches Geschehen-lassen-Können und Güte sind sehr wichtige Vorgänge im ganzheitlichen Erwachen.

Ganzheitliches Geschehen-Lassen ist niemals eine oberflächliche „Ist mir egal"-Haltung oder ein „Was soll`s, es wird schon irgendwie werden", sondern es ist eine natürliche Bewegung im Ankommen der eigenen Güte selbst.

Du darfst erkennen: Der Kräftehaushalt und das System versuchen, dich zu befreien, die Gewohnheit möchte sie halten. Ist dem so, bekommt dies der Mensch in seinen inneren und äußeren Reibungspunkten immer wieder neu zu spüren. Hier ist nicht die Frage, wer gewinnt, sondern: Wer wagt es, sich hinzusetzen, um halten und erkennen zu können: Wo bin ich wirklich?

Bedenke bitte: In der Sonne zu sein, bedeutet nicht, dass es dir immer gut gehen muss, sondern in der Sonne zu sein, bedeutet etwas ganz anderes: Ich bin in meiner Schöpferquelle angekommen und mir meines Christus-Selbsts bewusst. Doch dazu werde ich dir später mehr erzählen.

Erfahrungsnotiz: Ist zu viel Glück ungesund? Ich erinnere mich: Auf ganzheitliche Öffnung meldet sich immer verstärkt die alte Gewohnheit. Sie möchte so gerne, dass alles beim Alten bleibt, obwohl du in dir nach Erlösung, Freiheit und Veränderung schreist. Durch diesen natürlichen Konflikt entstehen ganz natürliche Reibungspunkte, innere Gefechte und regelrechte Kämpfe im Kräftehaushalt. Wer gewinnt? Ist es der Wunsch auf Veränderung oder die Kraft der Gewohnheit? Lass dich nicht auf diese Spielchen ein, sondern erkenne: Wann immer du im Geschehen in dir und in deiner Position ankommen kannst, öffnet sich immer dein göttliches Navigationssystem und alles Weitere folgt ganz automatisch. Es folgt so, wie du es für dein Wohlergehen und dein Inkarnationsziel brauchst. Wichtig: Sollte es in dir eine Kraft, einen Baustein oder ein Urgefühl geben, auf das du nicht mehr zugreifen kannst, so brauchst du das wohlwollende Prinzip des Lebens, äußere Berührungspunkte und Hilfe. Wisse: Die äußere Hilfe kommt immer so, wie sie dich berühren kann, so, wie es deiner Entwicklung gut tut und dich weiterbringen möchte. Vielleicht gefällt dir, wie du derzeit vom Leben berührt wirst, überhaupt nicht. Vielleicht kommt deine große Veränderung nicht so schnell, wie du es gerne hättest. Aber du kannst dich darauf verlassen, dass sie kommt wenn es für dich am besten ist. Wenn du die Übungen der himmlischen Geschichte umsetzen möchtest, wird deine erste und letzte große Hürde immer wieder das „Halten und das ganzheitliche Öffnen sein" sein. Schau hin: Kann ich im wirkenden Prozess schon anhalten und laut fragen: „Wo bin ich denn gerade wirklich?" Du wirst anfangs eher damit beschäftigt sein, dich zu fragen: Kann ich es schon? Mache ich es richtig? Du wirst darauf achten, ob du dich im wirkenden Prozess schon in deine Position bringen und die innere Welt in akuten Phasen aussprechen kannst. Aber peu à peu wirst du diese Übungen, ohne groß darüber nachzudenken, tun können. Es wird sich etwas in dir erheben, was dir zuvor niemand beschreiben, auch nicht erklären konnte, denn es wird etwas sein, das nur du in dir entdecken und beleben kannst. Die Schöpfung, sie beginnt, sich wunderbar in dir zu öffnen, und das Leben wird dir die ersten positiven Ergebnisse und Überraschungen schenken. Diese Ergebnisse werden die greifbare Antwort auf dein Ankommen sein. Es kann durchaus sein, dass du nach den ersten Ergebnissen noch mehr über Ganzheit und ganzheitliches Erwachen erfahren möchtest und aus dir heraus experimentierst oder nach weiteren Übungen Ausschau hältst. Das ist ganz natürlich, denn du möchtest ja weiterkommen. Weiterkommen möchtest du deshalb auch, weil du ein Ziel hast. Dein ganz eigenes Inkarnations-Ziel. Vielleicht ist es dir bewusst, vielleicht aber auch nicht. Vielleicht ist dein Ziel etwas, was du dir bisher noch gar nicht erdenken oder erträumen konntest. Mein Tipp für die beste Unterstützung: Halte. Schalte. Erkenne, wo du bist. Dann geh weiter.

Übung No.15: *Göttliche Öffnung*

Kapitel 16: Ins Leben gehen

Nach dem ganzen Geschehen wollte ich natürlich mehr über diese Botschaft – „Komm ins Leben, dort findest du, was du in dir nicht öffnen kannst" – wissen. Doch Mutter Erde gab mir daraufhin keine Botschaft, sondern ergänzte die letzte Übung mit einer klaren Aufforderung, „Komm in den Fixpunkt deiner Mauer".

Sie sagte: „Der wichtigste Part wenn du dich der wunderbaren Essenz im Leben öffnen und ihre wollwollende Kraft kennenlernen möchtest, ist der Fixpunkt deiner Mauer. Von dort aus startet deine Reise. Kind, es ist jetzt Zeit, dass du mindestens drei Monate lang einmal täglich zum Leben direkt sprichst. Mach das aber nie zwischen Tür und Angel, sondern komm immer zuerst in deinem Geschehen an. Setz dich zuerst hin und spüre für ein paar Minuten in deine Fußsohlen hinein. Atme dreimal über beide Nasenflügel ein und aus. Frag dich dann: Wo ist die bisherige Mauer, die das gewohnheitsbedingte, blinde Eingebunden-Sein signalisiert? Wohin geht mein Blick, wenn ich an die Mauer denke? Mehr bedarf es nicht, denn wisse: Solange du noch im Fixpunkt gebunden bist, kannst du dich dem glorreichen Leben nicht wirklich zuwenden."

Zu dieser Übung möchte ich dir noch sagen, dass deine Augen diesen Fixpunkt immer wieder neu finden möchten. Das heißt: Es kann immer derselbe Punkt sein oder er kann variieren.

Je nachdem, aus welchem Geschehen heraus du dich fragst, wo die Mauer ist, kann dieser Punkt sich verschieden zeigen. (Die Richtung hat dabei keine Aussagekraft. Nur der Punkt selbst. Erinnerst du dich noch? Dort in diesem Punkt sind alle Informationen gespeichert.)

Wichtig ist, dass du den Blick und deine Aufmerksamkeit ca. zwei Minuten lang dorthin gerichtet hältst. Du musst dort nichts sehen, erkennen oder fühlen. Dein göttlicher Blick (= die reine Unschuld und die Verbundenheit zu Gottes wunderbarer Kraft) öffnet sich dadurch und erkennt bereits, was dort geheilt, befreit oder erlöst werden kann. Dies geschieht göttlich, das heißt: Für diese Heilung musst du nichts tun, nur hinsehen! Das genügt vollkommen.

Frag dich oder lass dich fragen, wo der Ausgang und der Weg ins Leben sind, während du in deinem Fixpunkt angekommen bist. Wohin darf ich mich jetzt wenden? Schenk dieser Frage einen Moment lang Raum und Zeit, dann dreh dich dorthin.

Sieh und sprich in dieser Richtung wie zu einer goldgelben Sonne: „Leben, hier bin ich, nimm mich mit deiner ganzen Kraft und lass mich erleben, was es bedeutet, Sicherheit (oder das Deine) greifen und erleben zu können.

Bitte bring mir diese Sicherheit so in mein Leben, dass ich erkennen kann, dass es die Antwort auf meine Übung ist." Diese Übung wird dein Sonnentor öffnen. Wir wollen die Sonnentoröffnung nicht thematisieren, sondern erleben.

Erfahrungsnotiz: Ins Leben gehen. Mach diese Übung über mehrere Wochen einmal täglich oder zwischendurch, wenn es akut unrund in dir ist. Diese Übung hat eine sehr große Kraft. Sie führt dich völlig sanft noch einmal an den Punkt des bisherigen Eingebunden-Seins. Sie öffnet liebevoll deinen göttlichen Blick und führt dich an das große Sonnentor des Lebens heran. An diesem Tor bekommst du alles, worüber du nicht mehr frei verfügen kannst. Über den göttlichen Blick öffnen sich deine Herrlichkeit Gottes, die Kraft der Vergebung, die Kraft des Loslassens und der Güte zu dir selbst. Diese Qualitäten öffnen sich dir jedoch völlig unscheinbar, das heißt: Du wirst es in dem Moment, in dem es geschehen darf, selbst gar nicht erkennen können, sondern erst Wochen später in deinem Leben als spürbare Erleichterung erleben.

Übung No.16: Wohin darf ich mich wenden?

Kapitel 17: Über Nacht glücklich

Wochen später erinnerte ich mich an Gott Vaters Aussage: „Erfülle dir das, was du wirklich als erfüllt erleben möchtest, schon heute." Ich fühlte, dass es an der Zeit war, dieses Thema aufzugreifen.

Weil ich mehr darüber erfahren wollte, nahm ich Kontakt auf: „Gott Vater, du hast doch vor Wochen zu mir gesagt, ich solle mir das, was ich mir wünsche, schon heute erfüllen."

Er antwortete mir prompt: „Ja, das stimmt."

„Ich bin mir aber immer noch nicht ganz sicher, was ich wirklich erfüllt haben möchte."

Er sprach: „Komm, Kind, wir machen eine Übung. Schließ deine Augen und stell dir vor deinem geistigen Auge drei gelbe Buttons vor. Jeder Button hat seine eigene Symbolik. Zuerst nenne ich dir jede einzelne Symbolik und danach stelle ich dir eine Frage. Okay?

Der linke Button steht für „Ich möchte etwas lösen". Der mittlere Button steht für „Ich möchte etwas heilen", der rechte Button steht für „Ich möchte etwas erreichen". Lösen, heilen, erreichen. Nun stelle ich dir die Frage. Lausche in aller Ruhe und dann schau erst, wohin es dich zieht. Möchtest du etwas lösen, ist es der linke Button, möchtest du etwas heilen, sieh geradeaus. Möchtest du etwas erreichen, ist es der rechte Button. Wohin zieht es dich?"

Ich stellte mir diese drei Buttons mit ihrer Intention vor meinem geistigen Auge vor. Sofort erkannte ich, wohin es mich zog.

Ich sprach laut in den Raum hinein. „Ja, Gott Vater, ich möchte etwas erreichen. Ich möchte etwas schaffen können. Genau das ist es. Ich möchte beweisen, dass ich es kann."

Gott Vater sprach: „Ja, Kind, dann ermögliche es dir schon heute. Komm in die tiefe, innere Erfüllung, dass du es bereits geschafft hast."

„Ja, aber wie soll ich das tun?"

Er sagte zu mir: „Hab Geduld, ich werde es dich demnächst wissen lassen und durch dich hindurch sprechen – wenn es soweit ist."

Diese Ankündigung konnte ich so für mich stehen lassen, denn ich wusste, der Tag würde kommen und es würde geschehen dürfen. Wann es soweit sein würde, wusste ich nicht. Wie wusste ich auch nicht. So vergingen wiederum viele Tage, bis ich an einem ganz gewöhnlichen Wochentag nachmittags Besuch bekam. Meine Freundin kam auf eine Tasse Kaffee bei mir vorbei und wir setzten uns in die Küche. Während ich den Kaffeetisch richtete, sah ich dort ein Päckchen Taschentücher liegen.

Meine Freundin begann zu quasseln und wollte wissen: „Na, Heike, was machst du so?"

Es war nicht einfach, mich auf ihre Frage einzulassen, denn dieses so einfache Päckchen Taschentücher zog mich regelrecht in seinen Bann. Ich wusste allerdings nicht warum. Als ich genauer hinsah, bekam ich das Gefühl, es würde von einer leuchtenden Essenz umhüllt. Eine Essenz, die mich magisch berührte. Es kostete mich große Mühe, den Blick von den Taschentüchern zu nehmen, um meiner Freundin in die Augen sehen zu können, die von mir wissen wollte: „Heike, wo bist du denn mit deinen Gedanken? Hörst du mir überhaupt zu?"

Ich schaute sie an und es sprach plötzlich unkontrolliert durch mich hindurch.

„Weißt du, so viele Jahre habe ich mich auf etwas Großes vorbereitet. Monat um Monat habe ich gekämpft, transformiert und alles gegeben, um an diesen einen, mir so wichtigen Punkt zu kommen. Ich habe gebetet, meditiert, mich hinterfragt und mit ganzem Einsatz meiner Kräfte wirklich alles dafür gegeben, mein Ziel zu erreichen. Und nun, du wirst es vielleicht nicht glauben, habe ich es geschafft. Ja, ich habe es tatsächlich geschafft: Ich habe mein Ziel erreicht."

Sie sah mich mit großen Augen an und ich erkannte, wie sie meinen Worten gefolgt war. Mit aller Glut meines Herzens sprudelte es selbstsicher weiter aus mir heraus. „Weißt du, es tut so gut, sein Ziel zu erreichen. Es gibt einem ein Gefühl von Sicherheit und Gelassenheit zugleich."

Ich sah auf das Päckchen mit den Taschentüchern und sprach weiter: „Schau, es liegt bereits vor mir, ich kann es halten, wenn ich mag, und danach greifen, wenn ich es möchte."

Meine Hand näherte sich den Taschentüchern und meine Finger berührten sanft spielend die Oberfläche. Es begann in mir zu realisieren: „Ja durchaus, ich kann es haben, wenn ich möchte."

Meine Augen betrachteten dieses so gewöhnliche Päckchen Taschentücher wie ein großes, einzigartiges Geschenk. Mir wurde bewusst, wie viele Jahre ich auf diesen einen Augenblick, der jetzt einfach so durch mich hindurchpulsierte, gewartet hatte.

Meine Freundin sah mich immer noch mit großen Augen an und ihr traten Tränen in die Augen. Sie sagte gerührt: „Oh Heike, ich freue mich so sehr für dich, dass ich kaum Worte finden kann. Schön, dass du das erreichen konntest."

Ich antwortete nüchtern: „Ja, es geschah ganz einfach. Es war wie ein Wunder."

Dies aussprechen zu können, war unbeschreiblich toll. Eine tiefe innere Erfüllung durchströmte mich. Kurze Zeit später ging meine Freundin auch schon wieder und ich wusste ehrlich gesagt gar nicht, was in den letzten Minuten wirklich mit mir geschehen war. Ich fühlte mich leicht und sicher zugleich. Als wäre ein großer Druck, der auf mir gelegen hatte, einfach verschwunden.

Die Frage „Was muss ich noch tun" war weg. Das „Hinterherrennen" und „Ich muss gut sein", all das war weg. Selbst das „Ich möchte es beweisen können, ich muss etwas schaffen können", alles war einfach weg. Ich fühlte mich innerlich erleichtert und erfüllt zugleich. Es war kein einmaliges Empfinden, sondern dieses Erlebnis gründete die Basis für mein heutiges, erfolgreiches Glücklich-Sein. Die alte Form der Belastung kam nie mehr wieder zurück.

Zwei Tage später hat mich meine Freundin angerufen und wollte von mir wissen: „Heike, darf ich dich etwas fragen?"

„Ja, gerne", antwortete ich.

„Hast du eigentlich im Lotto gewonnen?"

„Ich? Im Lotto gewonnen? Wie kommst du denn darauf?", entgegnete ich kopfschüttelnd.

„Na, du musst etwas Großes erreicht haben", räumte sie ein.

„Wie meinst du das?", fragte ich nach.

„Vorgestern in deiner Küche, als du mir von deinem Wunder erzählt hast, was hast du denn bekommen, das dich so erfüllen konnte?"

Während sie mich das fragte, wurde mir bewusst, dass sie gar nicht bemerkt hatte, dass die Sache mit dem Päckchen Taschentücher eigentlich nur eine ganz einfache Übung von Gott Vater gewesen war. Sie hat mir diese Übung voll und ganz abgenommen. Sie hat mir tatsächlich geglaubt, dass ich mein Ziel erreicht habe.

Wow, dachte ich erneut, *ein einziges, einfaches Päckchen Taschentücher und welch eine wunderbare Wirkung!*

Sie fragte mich erneut: „Möchtest du mir nicht erzählen, was dich so erfüllt hat?"

„Doch, doch! Klar kann ich es dir erzählen", entgegnete ich ihr und hielt kurz inne, um zu überlegen, was ich ihr denn darauf jetzt für eine Antwort geben könnte. *Ah*, dachte es sofort durch mich hindurch, ich gebe ihr dieselbe Antwort, die Gott Vater mir immer gegeben hatte und antwortete ihr ganz ungeniert: „Nichts".

Es wurde erst einmal still in der Leitung. „Wie? Nichts?", wollte sie wissen.

„Ich habe nichts bekommen. Ich habe mir etwas ermöglicht."

„Wie meinst du das, du hast dir etwas ermöglicht?" Sie wurde etwas ungeduldig und meinte ungehalten: „Oh, lass dir doch nicht alles aus der Nase ziehen!"

„Langsam, ganz langsam", sagte ich und konnte so ihre Neugierde beruhigen. „Weißt du, ich habe mir den Baustein ermöglicht, dass ich es bereits geschafft habe. Es geht gar nicht um ein Ergebnis oder um ein Ziel. Es geht um die tiefe innere Realisation, dass es durchaus möglich sein darf. Ich habe meine Erfüllung immer von einem Ergebnis abhängig gemacht. Ich habe auf den Tag X gewartet und gehofft, dass mir das Leben den Beweis dafür gibt, dass ich es schaffen kann. Das funktionierte aber nicht und so habe ich mir diesen Baustein selbst ermöglicht, bevor mir das Leben geantwortet hat."

„Und jetzt?", wollte sie wissen.

„Jetzt bin ich erfüllt", bestätigte ich.

„Ja? Und jetzt", fragte sie erneut.

„Jetzt geht es weiter", sprach ich. „Es ist nun in mir sicher, dass ich es durchaus erleben kann. Bis dato wusste jemand in mir gar nicht, dass es möglich sein würde. Dieser Baustein hat mir schlicht und einfach gefehlt. Dieser Baustein hatte sich nicht in mir verankert. Ich konnte nicht darüber verfügen und weil ich nicht darüber verfügen konnte, hat meine Tagesstruktur stetig danach gesucht und wollte wissen, warum ich das nicht kann.

Das war so in mir verwickelt, dass ich dieses Zusammenspiel gar nicht bemerkt habe und darauf bin immer wieder neu hereingefallen."

Während des Telefonats hielt ich das gleiche Päckchen Taschentücher erneut in meinen Händen und mir wurde wieder klar: „Ich kann es erreichen, denn ich habe es bereits geschafft. Wow!"

Es war so glücklich in mir. Diese Erfahrung öffnete eine neue, mir so nicht bekannte Lebenspower. Es waren mitunter die schönsten Augenblicke in meinem Leben, denn ich konnte sehen, fühlen, greifen und erleben, wie es in mir bebte und lebte, all das „einfach so" geschafft zu haben.

Was ich geschafft hatte, war meiner Gehirnstruktur völlig egal. Ich erkannte, das Päckchen Taschentücher hätte auch ein Ferrari sein können. Es hätte auch ein Haus, eine Yacht und ja, es hätte auch der Sechser im Jackpot sein können. Meinem Kopf war das völlig egal.

Mein Inneres glühte und „es" sprach kraftvoll von innen zu mir heraus: „Herzlichen Glückwunsch, du bist ein Sieger. Du hast es geschafft."

Für meine Ganzheit war dies wertvoller als jedes äußere Geschenk. Doch dabei blieb es nicht, denn der Erfüller-Coach ging weiter.

Die geistige Welt schenkt uns eine Botschaft: Jede Seele hat ein bestimmtes Ziel und dieses möchte sie in diesem Leben auch erreichen. Sie möchte in ihrer Entwicklung an einen ganz bestimmten Punkt kommen. Dieses Ziel ist im Beweggrund sowie im Ergebnis von Mensch zu Mensch individuell verschieden. Im Ansatz jedoch ist es bei allen Menschen völlig gleich und lautet: „Ich werde mein Ziel auf Erden ganz natürlich aus mir selbst heraus erreichen können."

Dies ist der natürlichste Antrieb im menschlichen System überhaupt. Hat der Mensch in diesem oder in einem früheren Leben jedoch eine ganz andere Erfahrung gemacht als „Ich habe es natürlich geschafft!", kommt er irgendwann im Laufe seines Lebens an einen Punkt, an dem er dann für sich das große Problem nennt und sich fragt: Warum nicht?

Es kommt immer wieder vor, dass dieser Baustein „Es kann aus mir heraus ganz einfach sein" im Menschen energetisch verhakt, geknickt oder aus welchem Grund auch immer aus der Verankerung gezogen wurde. Ist dem so, kann der Mensch gar nicht mehr auf den elementar wichtigsten Baustein „Ich werde es ganz natürlich, aus mir selbst heraus erreichen können" zugreifen.

Ist dieser Baustein im Menschen geknickt, befindet er sich oft auf einem langen, selbstlosen Leidensweg. Betroffene beginnen, an sich zu zweifeln, sich zu hinterfragen oder nach dem sinnlosen Warum, Wieso, Weshalb zu forschen. Alles zu hinterfragen, löst aber nicht das Problem des geknickten Bausteins. Es ersetzt auch keinen fehlenden.

Wenn der Grundbaustein „Ich kann es aus mir selbst heraus" geknickt oder gehalten wurde, können Talente und Potentiale keinen natürlichen Antrieb mehr finden.

Das verhindert die Erfüllung im Leben. Viele Potentiale bleiben ungenutzt, weil der natürliche Baustein „Ich werde mein

Ziel ganz natürlich aus mir selbst heraus erreichen können" gebrochen oder geknickt wurde. Das ist sehr schade. Hier heißt es: Schaff dir zu deinem Thema oder zu deinem Herzenswunsch deinen ganz eigenen, starken Baustein.

Achte bitte darauf, dass dieser Wunsch nicht an Vorgaben, Orte oder Menschen gebunden ist. Schenke dir auf jeden Fall für dein Inkarnationsziel, ohne es zu konkretisieren, den wunderbaren Blanko-Erfüller: Ich habe es bereits geschafft! Ich kann aus mir selbst heraus.

Schau mal bei dir nach: Ist das Ziel deiner Seele ein Lösen? Ein Heilen? Ein Erreichen? Ein Offenbaren? Wohin zieht es dich spontan?

Erfahrungsnotiz: Über Nacht glücklich. **Der ultimative Tipp:** *Verschaff dir noch heute einen starken Erfüller-Baustein für dein Inkarnationsziel, ohne dieses konkret zu benennen. Du kannst den Blanko Erfüller dafür nehmen: „Ich werde mein Ziel ganz natürlich aus mir selbst heraus erreichen können." Nimm für diese Übung stets nur einen einzigen Baustein, such dir hier deinen Baustein aus: „Wow, ich habe es erreichen können." „Wow, es durfte möglich sein." „Wow, es durfte einfach so geschehen." „Wow, es hat sich erfüllt." Gönn dir auf jeden Fall und zwar mit ganzer Glut deines Herzens sowie mit reiner Absicht den ultimativen Universal Erfüller-Baustein: „Ich habe es bereits geschafft!" Denn er ist für alles, was du erfüllt wissen möchtest, sehr wichtig. Achte unbedingt darauf, dass dein Erfüller weder an Bedingungen, Vorgaben, Orte noch an Menschen gebunden ist. Dies schafft nur Verstrickungen, aber keine lebendige*

Erfüllung. Begrenze dich nicht, sondern lass der Kreativität des Lebens freien Lauf. Gönn dir diesen Erfüller-Baustein mit allen Sinnen schon heute und freue dich gegenwärtig. Du wirst eine grundlegende positive Veränderung erleben können. Vielleicht geschieht deine große Veränderung sogar über Nacht. Vielleicht dauert sie aber auch mehrere Monate an. Das ist letztendlich gar nicht so wichtig. Viel bedeutender ist: Es darf durch die göttliche Hand geschehen. „Ja, es ist bereits vollbracht!"

Übung No.17: *Ermögliche dir deinen Erfüller-Baustein*

Kapitel 18: Auf dem Weg zum Ziel

Die erste Stolperfalle

Wir wollen uns in diesem Kapitel zwei sehr tückische Stolperfallen im menschlichen System ansehen, in die wir ganz schnell und unbeachtet hineinrutschen. Diese Stolperfallen öffnen Probleme, die nicht wirklich existieren.

Die Gefahr dieser Fallen tritt dann verstärkt auf, wenn wir versuchen, das Leben positiv verändern zu wollen oder eine neue Richtung anstreben. Diese Stolperfallen sind tückisch und können einen Menschen für lange Zeit gefangen halten, seinen Kräftehaushalt ausbremsen oder Ziele massiv blockieren.

Die geistige Welt lässt uns Folgendes betrachten: 98 Prozent aller unserer Wünsche sind Ergebnisse, die wir uns einerseits innig und heiß wünschen, aber bisher noch nicht als erfüllt erlebt haben oder als erfüllt erleben konnten. Wir wünschen uns gezielt Dinge, die wir gegenwärtig nicht haben. Logisch, sonst bräuchten wir ja keine Wünsche.

Für jede Veränderung, die wir gegenwärtig noch nicht erfüllt erlebt haben, fehlt uns auf ganz natürliche Weise ein wichtiger Baustein. Dies ist der Baustein „die vollendete Erfahrung".

Man kann diesen Baustein auch in die drei kleineren Bausteine „Es darf geschehen", „Es ist erfüllt", „Es ist vollbracht" aufteilen. Diese fungieren wie eine gesicherte Basis. Meist fehlen, wenn diese Bausteine nicht vorhanden sind, auch kraftvolle, natürliche Erfüller sowie wache Sensoren.

Sensoren machen uns für die Erfüllung empfänglich, während die natürlichen Erfüller die glorreiche Erfüllung lebendig vorantreiben.

Wir dürfen an dieser Stelle erkennen: Das, was uns wirklich für die Erfüllung fehlt, ist eine ganz natürliche Lücke und existiert bei allem, was wir noch nicht als erfüllt erlebt haben!

Die Lücke selbst ist keineswegs eine Blockade oder eine Störquelle. Das, was diese Lücke zu einer Blockade macht, sind die aufkommenden Reaktionen, die sich mit der Lücke verbinden.

Die geistige Welt schenkt uns eine Botschaft: Bitte steig nicht in ein Problem ein, das gar nicht existiert. Steig stattdessen ganz bewusst in diese Lücke hinein und erfülle sie.

Wenn du unbewusst in diese tückische Stolperfalle hineintrittst und die natürliche Lücke zu einem Problem machst, kann es sein, dass du dich über Jahre hinweg selbst blockierst, knebelst und immens gefangenhältst.

Du beginnst, penetrant zu hinterfragen und hältst dich viel zu lange im „Warum erfüllt oder warum verändert sich mein Wohlbefinden nicht" auf.

Diese Lücke darfst du als etwas ganz Natürliches anerkennen, sonst neigst du dazu, ein Problem lösen zu wollen, das es gar nicht gibt. Verlier die Natürlichkeit der Lücke nicht aus den Augen, versuch nicht, das Fehlende zu hinterfragen oder zu analysieren.

Pass auf: Das Hinterfragen und das Verstehen-Wollen erweisen sich an dieser Stelle als großer Feind. Dieser verhindert die Erfüllung, er bremst dich aus.

Bedenke: 98 Prozent deiner Wünsche und Absichten für ein besseres Leben sind Wünsche und Ziele, die du bisher nicht als erfüllt erlebt hast oder noch nie als erfüllt erleben konntest.

Du hältst dich viel zu oft im „Warum hat es sich noch nicht erfüllt? Warum will man es mir verweigern?" auf oder du steckst in Fragen fest wie: Warum gelingt es mir nicht? Warum konnte ich es noch nicht? Warum habe ich es immer noch nicht geschafft?

Entweder deine Frage bezieht sich dabei auf dein „Ich selbst" oder die Frage bezieht sich auf die äußeren Umstände.

Bist du fragend, bekommst du stetig neue Antworten. Durch diese Antworten eröffnen sich dir viele weitere Themen. Du öffnest Tür um Tür.

Manche reisen bis in ihre letzten 120 Inkarnationen hinein, um die Antwort auf das gegenwärtige „Warum nicht?" finden zu können. Halt bitte kurz an und erkenne: **Keine Antwort auf ein „Warum nicht?" ersetzt den Akt der Erfüllung.**

Ich möchte dich nun etwas Wichtiges erkennen lassen: Das menschliche System (= das ganzheitliche Eingebunden-Sein im Kräftehaushalt) kann sich in dieser Lücke selbst nicht erkennen. Wirst du nun an dieser blinden Stelle sowie in der Lücke berührt, bewegt dies deinen Kräftehaushalt. Der Kopf versucht, zu verstehen, was vor sich geht, und kommt zu dem Entschluss: Hey, uns fehlt etwas! Na klar fehlt etwas. (Wie recht er doch hat: Der Baustein der vollendeten Erfahrung fehlt.)

Dann kommt er zu der Vermutung: Also, wenn etwas fehlt, dann stimmt hier etwas nicht. (Oh nein, bitte nicht aufsteigen!) Hier kann doch etwas nicht in Ordnung sein. (Halt! Stopp!) Der Kopf kann nicht erkennen, dass dies ganz natürlich ist. Steig nicht auf dieses „Hier fehlt etwas oder hier stimmt doch etwas nicht" ein.

Zügle an dieser Stelle unbedingt deinen Hengst, sonst treibt er dich ganz weit weg vom eigentlichen Geschehen deiner Kräfte und möchte außerhalb deiner selbst erklären und analysieren, was nicht stimmt.

Hier heißt es wirklich: Aufpassen! Es ist so wichtig, dass du dir vor Augen hältst, dass dieses „Hier ist doch etwas nicht in

Ordnung" lediglich Ausdruck deines Verstandes ist, der nicht sehen kann, was sich gerade ganzheitlich bewegen möchte.

In Wahrheit ist es kein Hinweis auf eine Störquelle, sondern ein Signal. Hättest du dieses Signal nicht, hättest du auch keinen natürlichen Antrieb dafür, dass du Erfüller brauchst.

Was machen wir nun mit dieser Dynamik, die aus dem „Mir fehlt etwas oder da stimmt was nicht" entsteht? Es ist eine Bewegung, mit der man wirklich klug umgehen sollte. Bist du bereit, dieses „Hier fehlt etwas" zu füllen oder willst du dich weiterhin hinterfragen?

Was willst du heute? Hinterfragen oder erfüllen? Du darfst frei wählen. Hinterfrage, wenn du hinterfragen möchtest. Analysiere, wenn du dies tun möchtest. Verstehe, solange du verstehen möchtest. Aber wisse: Nichts davon wird dir deine Lücke erfüllen. Erfüllen ist erfüllen. Das kannst du nur selbst tun. Du hast nie wirklich gelernt, den Blinden in dir zu verstehen, denn eigentlich will er dir etwas Wichtiges mitteilen.

Er möchte dir sagen: Hey du, es fehlt etwas, also los! Es ist jetzt Zeit für deinen starken Baustein. Aha. Es ist Zeit für neue lebendige Sensoren. Cool. Es ist Zeit für kraftvolle Erfüller. Okay.

Erfahrungsnotiz: Auf dem Weg zum Ziel - erste Stolperfalle. ***Die Erkenntnis aus der ersten Stolperfalle ist: Mach aus deiner Lücke alles, aber kein Problem. Wenn du analysieren möchtest, tu das. Wenn du Fragen hast, stell sie dir. Wenn du verstehen möchtest, versuch zu verstehen. Wenn du dich im Kreise drehen möchtest, dreh dich im Kreis. Aber wisse: Nichts erfüllt deine Lücke. Es gilt, die Lücke zu füllen, bevor dich das Leben beschenkt.***

Übung No.18: *Erkenne deine natürliche Lücke*

Kapitel 19: Auf dem Weg zum Ziel

Die zweite Stolperfalle

Die geistige Welt schenkt mir Einblicke in die zweite systemische Stolperfalle. Die zweite Stolperfalle treibt dich an, vertrauensvoll zu glauben, der Tag X käme, an dem sich dein Wunsch ganz bestimmt erfüllen wird. Aufpassen: Schieb deine Erfüllung nicht in die Zukunft, sondern starte sie noch heute.

Ein weiterer Punkt ist, dass dein System in den bereits vorhandenen Erfahrungsschätzen das Neue sucht. Im Alten kann es das Neue jedoch gar nicht finden. Weil das System das Neue im Alten nicht finden kann, ist es enttäuscht.

Es ist die älteste Enttäuschung von „Mir fehlt etwas". Hier darfst du dich nicht gefangenhalten, sonst beginnt ein langer Leidensweg. **Im Umgang mit der ältesten Enttäuschung, heißt es: Raus aus dem Mangelbewusstsein! Anhalten, Lücke füllen, Kopf hoch und das Neue sehen! Erfüll dir schon heute, was du wirklich erfüllt haben möchtest. Lad das Neue ein, damit du es sehen kannst, wenn es soweit ist."**

Schau hin: Du willst vielleicht eine bestimmte Verbesserung deiner Lebensumstände oder ein angenehmeres Wohlbefinden erreichen? Du möchtest, dass es dir gesundheitlich besser geht? Vielleicht sehnst du dich auch danach, mehr Glück fühlen und erleben zu können. Es kann aber auch sein, dass du schon ein klares Ziel vor Augen hast.

Wenn du bisher dein Ziel so noch nicht als erfüllt erleben konntest, gehen dein System, dein Körper, dein Bewusstsein und dein Geist hin und kramen in dem, was du bisher schon erleben konntest. Es kramt und kramt. Es sucht und sucht – von dir völlig unbemerkt – immer wieder in seiner alten Schatzkiste – in der Hoffnung, dort das Eine zu finden, was du heute erfüllen und neu erleben möchtest.

Das geht aber nicht. Im Alten findest du niemals das Neue.

Wenn du das, was du möchtest, bisher noch nicht als erfüllt erleben konntest oder bisher schlichtweg noch nicht erlebt hast, kann das System es dort in dir auch nicht finden. Hier darfst du das, was du möchtest, deinem System geben, bevor du es erleben kannst. Ja, bevor du es erleben kannst, darfst du dir deinen Erfüller-Baustein selbst geben.

Zum Glück erfüllt uns das Leben keine menschlichen Irritationen, sonst würden wir immer und immer wieder dieselben Schwierigkeiten und sogar noch weitere Katastrophen erleben. Das Leben erfüllt dir deinen gegenwärtigen Magneten und mit diesem Magneten kannst du ins glorreiche Leben gehen.

Wenn du in der ältesten Enttäuschung, „im Alten das Neue nicht finden zu können", angekommen bist und dich daraus erheben kannst, kommt das Leben neu auf dich zu. Diesen starken Magneten, den du dafür brauchst, trägst du bereits in dir. Er wartet auf dich.

Um ihn zu aktivieren, kannst du dir das, was deine Erfüllung dir ermöglichen soll, bereits heute schon geben.

Dies kannst du völlig frei und unabhängig von deinen Umständen tun. Du kannst dir heute schon erfüllen, was du wirklich als erfüllt erleben möchtest. Wie das geht, erzähle ich dir im nächsten Kapitel.

Erfahrungsnotiz: Auf dem Weg zum Ziel – zweite Stolperfalle. Wisse: Die Erkenntnis aus der zweiten Stolperfalle ist: Das System sucht im alten Bestand das Neue und kann es dort nicht finden. Es ist ganz natürlich enttäuscht, es dort nicht finden zu können. Halte dich in dieser Enttäuschung „Mir fehlt etwas" nicht unnötig auf, sonst zieht dich diese natürliche Enttäuschung über Jahre hinweg in ihren Bann und steckst im Mangelbewusstsein fest. Hier heißt es: Komm ganz bewusst in deiner Lücke an. Erkenne diesen Punkt in dir und erfülle dich schon heute. Bitte warte nicht auf den Tag X und seine Erfüllung, denn sie könnten nie kommen.

Übung No.19: *Erhebe dich aus deiner ältesten Enttäuschung*

Kapitel 20: Sei heute schon wertvoll

Eines Morgens fragte mich Gott Vater: „Kind, willst du erfüllt sein?" Ohne mit der Wimper zu zucken, antwortete ich: „Na logisch, Gott Vater, natürlich möchte ich erfüllt sein." Daraufhin sagte er zu mir: „Okay, dann geh heute einkaufen."
„Einkaufen?", stutzte ich erstaunt.
„Ja, geh einkaufen", wiederholte er.
„Nun, was soll ich einkaufen?", wollte ich wissen.
„Etwas ganz Einfaches. Kauf dir eine Flasche Mineralwasser."
„Eine Flasche Mineralwasser", schmunzelte ich vor mich hin und fragte mich in Gedanken, was er damit wohl beabsichtigte.

Gott Vater sprach: „Kind, diese Übung klingt vielleicht lustig, ist aber durch und durch effektiv. Glaub mir." Er gab mir folgende Anweisungen: „Geh bitte mit der Intention, lediglich eine Flasche Wasser einzukaufen, heute in deinen Lieblingssupermarkt."

„Okay", bestätigte ich ihm, während er weitersprach. „Geh bitte erst hinein, wenn du dir die Übung auch wirklich verinnerlicht hast. Geh in die Getränkeabteilung. Sieh dort die Wasserflaschen im Regal stehen. Halt inne und fühl in deine Hände hinein. Sieh dann auf eine einzelne Wasserflasche und kurz bevor du zugreifen möchtest, erkenne in dir an: Ich bin wertvoll. Greif danach zu und wiederhole den Satz: Wow, wie bin ich wertvoll! Mach die Übung bitte aus tiefstem Herzen.

Also fuhr ich mit der Intention, eine Flasche Mineralwasser einzukaufen, auch gleich zum Supermarkt. Dort angekommen, verinnerlichte ich mir den kommenden Vorgang und kam mit dem Gefühl, ein wertvoller Mensch zu sein, in mir an.

Als ich aus dem Auto stieg, schenkte ich mir selbst ein Strahlen über das ganze Gesicht und betrat selbstsicher den Supermarkt. Ich ging in die Getränkeabteilung, zu den Regalen, wo die Wasserflaschen stehen, stellte mich davor und suchte mir eine einzelne Flasche aus. Ich lächelte sie an und schenkte ihr meine freudige Aufmerksamkeit. Von innen heraus fühlte ich schon eine lebendige Freude auf dieses „So einfach wertvoll"-Sein.

Wie in Zeitlupe bewegte ich langsam meine Hand in Richtung Wasserflasche. Meine Finger näherten sich ihr, doch berühren wollten sie die Flasche nicht. Was war das? Ich spürte einen erotischen Hauch von Lust und Sinnlichkeit.

Um mich der Flasche noch einmal nähern zu können, zog ich meine Hand wieder zurück. Dies zu tun, gab mir einen besonderen Kick, denn in meiner Wurzel begann es schon zu kribbeln.

Es kam mir vor wie ein erotisches Spiel, bei dem sich feuchte Lippen sinnlich näherkommen.

Ich hatte das Gefühl, mein Körper und ganz besonders meine Finger konnten es kaum erwarten, diese Flasche erneut zu berühren. Also streckte ich meinen Arm langsam wieder aus. Meine Finger ließ ich spielend nach der Flasche greifen und just im Augenblick des Zugreifens kam ich in die gefühlte Realisation von: „Wow, ich bin ein wertvoller Mensch."

Ich hielt die Flasche in meinen Händen und atmete über beide Nasenflügel tief in meine Wurzel hinein, holte dieses starke Kribbeln zuerst in mein Herz und beim nächsten Einatmen aus dem Herzen heraus und hoch zum Kopf.

So stand ich vor dem Regal wie die Goldmarie unterm Torbogen. Ohne jegliches Zeitgefühl hielt ich die Wasserflasche in meinen Händen und es geschah, was wohl in diesem Augenblick geschehen musste. Um die Ecke kam eine Dame, deren Anblick mir normalerweise genügt, um für den Rest des Tages schlecht gelaunt zu sein.

Sie blieb vor mir stehen und musterte mich in ihrer gewohnten Weise von Kopf bis Fuß. Als ihr Blick meine strahlenden Augen und mein gegenwärtiges Charisma erreicht hatte, konnte ich regelrecht sehen, wie sich ihre Kinnlade etwas öffnete.

Jetzt erst war es Zeit, sie zu begrüßen. „Hallo", sprach es freudig aus mir heraus.

Sie zögerte, räusperte sich und begrüßte mich mit den Worten: „Guten Tag, Frau Maurer, Ihnen geht's wohl gut?"

Selbstsicher antwortete ich: „Ja, das stimmt, mir geht's gut." Als ich das ausgesprochen hatte, musste ich mir regelrecht meine Lippen schonen, um nicht zu sagen: „Ja, mir geht's gut, denn ich bin ja auch ein wertvoller Mensch."

Mein ganzer Körper sprühte vor Freude und Glück. Es gluckste förmlich. Meine strahlende Erscheinung war ihr wohl etwas zu viel, denn sie wollte gar nicht, wie sonst, ein inniges Gespräch mit mir führen. Sie ging postwendend weiter.

Kurz innehaltend, sah ich noch einmal auf die verschiedenen Flaschen in der Getränkeabteilung und dachte mir: „Wow, was für ein wunderbares Erlebnis – und so einfach!"

Ich schlenderte noch ein bisschen durch den Supermarkt. Dabei hielt ich die Wasserflasche wie ein Neugeborenes stolz in meinen Armen und kam so an der Kasse an. Dort legte ich die Flasche aufs Band, schaute ihr freudig hinterher und ließ mir meine freudige Erfüllung noch einmal köstlich auf der Zunge zergehen.

Die Kassiererin zog die Flasche über den Scanner und lächelte mich an. Ich lächelte zurück, bezahlte und fuhr nach Hause. Dort angekommen, nahm ich das „Neugeborene" aus dem Auto und ging in meine Wohnung. Die Flasche stellte ich mitten auf den Küchentisch. Bei ihrem Anblick wurde mir ganz warm im Bauch und ich konnte erfassen, dass ich so einfach wertvoll sein kann.

So einfach geschieht ein Erfüller-Kick. Für alles, was ich als erfüllt erleben möchte, kann ich mir vorab den ultimativen Kick geben. Für mich sind das ganz einfache Übungen mit großem bleibendem Wert. Es sind intensive Augenblicke, einfach so „erfüllt und wertvoll sein zu können". Es sind lebendige und feurige Augenblicke, durch die deine Ganzheit in dir zu sprechen beginnen. Sie signalisieren dir dabei völlig unabhängig und vollkommen frei: „Ja, es stimmt: Du bist wertvoll!"

Wir müssen nicht auf den Tag X warten, an dem der Ferrari vor der Tür steht, sondern wir dürfen heute schon erfüllt sein. In allem, was wir uns wünschen. Wir sind es heute schon.

Erfahrungsnotiz: Sei heute schon wertvoll. Bitte warte nicht auf den Tag X, bis das Leben dich erfüllt. Warte auch nicht, bis sich dein Wunsch erfüllt hat oder deine große Veränderung kommt. Ermögliche dir schon heute die Erfüllung dessen, was du wirklich erfüllt haben möchtest. Bringe deinen inneren Magneten mit aller Glut deines Herzens auf dein gefühltes „Ich bin wertvoll" und das Leben schenkt dir Antwort. Bis du mutig genug, dich zu erfüllen? Bist du mutig genug, dich auf diese einfache Übung einzulassen? Wenn ja, findest du hier noch einmal den Ablauf für einen starken Erfüller-Kick: Du fährst zum Supermarkt. Dort angekommen, verinnerliche dir bitte noch im Auto sitzend genauestens den Ablauf dieser wertvollen Übung. Geh bitte erst in den Supermarkt hinein, wenn du dir den Ablauf der Übung verinnerlicht hast. Komm in der Getränkeabteilung an. Sieh dort die Wasserflaschen im

Regal stehen. 1. Schaue auf eine einzelne Wasserflasche. 2. Halt inne und fühle in die Hand hinein, mit der du nach der Flasche greifen möchtest. 3. Beweg deine Finger. 4. Nimm deine Hand und führe sie an die Flasche heran. 5. Zieh die Hand langsam wieder zurück und nähere dich ihr noch einmal ganz spielerisch. 6. Kurz bevor du zugreifen möchtest, erkenne mit aller Glut deines Herzens an: Ich bin wertvoll. 7. Greif dann zu und wiederhole den Satz: „Wow, ich bin so wertvoll." Mach das so, geliebtes Kind, und wisse: Du wirst Freude fühlen. Freude wirst du fühlen, geliebtes Kind. Geh ein paar Tage später noch einmal in den gleichen Supermarkt, komm genau an jenes Regal und erinnere dich an die Übung. Erinnere dich und realisiere: Ich bin wertvoll.

Übung No.20: *Bereit für einen Erfüller-Kick?*

Kapitel 21: Einfach so

Gott Vater machte diese Übungen übrigens noch zweimal mit mir. Dazu ging ich in zwei verschiedene Supermärkte und kaufte stets nur einen einzigen Gegenstand. Immer, wenn ich kurz davor war, diesen Gegenstand in meine Hände zu nehmen, zog ich meine Hand noch einmal zurück und spürte in den Augenblick hinein.

Durch dieses bewusste Anhalten-Können öffnet sich ein sehr spannender Zwischenraum und in ihm lebt die tiefe, innere Realisation dessen, was dir der Erfüller-Kick schenken kann.

Es war ein intensives Gefühl, einfach so erfüllt zu sein. Doch was mir diese Übung wirklich ermöglichen würde, war mir, als ich sie das erste Mal durchgeführt hatte, nicht wirklich bewusst. Ich habe sie mit Spaß an der Freude getan. Zu diesem Zeitpunkt war ich mir wirklich durch und durch sicher: Auf Gott Vaters Übungen kann ich mich stets verlassen.

Ich habe keine seiner Übungen je angezweifelt oder mich gefragt, ob sie mir wirklich etwas ermöglichen können. Der Druck, der Kummer, die Leiden und die Not waren am Anfang der himmlischen Geschichte so groß, dass ich für jede Hilfestellung, die ich von der geistigen Welt bekommen habe, einfach nur dankbar war. Heute habe ich durchaus die Bestätigung: Es war sehr heilsam und erfüllend.

Damals vertraute ich darauf, er würde mich nie zu etwas verlocken wollen, was mir keinen Fortschritt, Erleichterung, Klarheit, Heilung oder Erfüllung ermöglichen könnte. Dieses Vertrauen konnte sich immer mehr in mir öffnen und schenkt mir im Trubel des Lebens große Erleichterung, Halt, Rückgrat, Erfüllung und viele magische Momente.

Im Nachhinein erkenne ich: Der so wichtige Baustein „Ich habe es erreichen können" sowie der Erfüller-Kick „Ich bin wertvoll" haben mir und meinem Leben insgesamt ganz viele, damals noch ungeahnte Türen geöffnet. Meine Lebensumstände änderten sich und besonders mein langersehnter beruflicher Erfolg kam endlich in mein Leben und für diese Entwicklung bin ich heute noch mehr als dankbar.

Diese so einfachen Übungen konnten mir etwas ganz Wichtiges und Unersetzbares ermöglichen. Sie haben mir den Weg ins Leben gezeigt. Mein Selbstwertgefühl stieg um ein Vielfaches an, aber nicht, weil ich mich dafür verändern musste, nicht, weil ich einem bestimmten Konzept hinterhergeeifert habe, sondern weil ich immer mehr ich selbst werden konnte und dabei immer lebendiger wurde. Über meine Schwachstellen, Störfelder und Begrenzungen sowie über meine Vergangenheit wusste ich so vieles, aber über mein goldenes Ich wusste ich nur wenig.

Zum Beispiel wusste ich nicht, dass ich humorvoll, mutig und locker sein kann. Was ich auch nicht wusste, war, dass es Menschen gibt, die sich für solche einfachen Übungen gar nicht so ohne Weiteres öffnen können. Diese Erfahrung habe ich im Seminar „Erfüll deinen Herzenswunsch" erstaunlicherweise machen dürfen.

Zum Seminarbeginn machte ich den Teilnehmerinnen deutlich, was bei einer ersehnten Wunscherfüllung wirklich wichtig ist. Warum sich gar nicht alle Wünsche, die wir Menschen haben, so ohne Weiteres erfüllen können und warum der Baustein „Ich kann es einfach und ganz natürlich erleben" so immens wichtig ist. Acht Frauen saßen im Kreis und in der Mitte des Kreises stand ein Stuhl. Auf diesen Stuhl legte ich ein ganz gewöhnliches Päckchen Taschentücher. Jede Teilnehmerin hatte einen Wunsch oder ein Ziel mitgebracht, das sie sich erfüllen wollte.

Auf lebendige Weise demonstrierte ich vorweg die Übung mit dem Päckchen Taschentücher, wie ich sie zum ersten Mal in meiner Küche praktiziert hatte – aber mit einem Unterschied. Ich führte dieses Mal die Übung im Stehen durch. So begann ich mit der Demonstration, näherte mich langsam und mit offenen Augen dem Päckchen Taschentücher. Lebendig und sehr gefühlvoll stimmte ich mich so auf meine bevorstehende Erfüllung ein. Ich gab freudig kund, dass ich es kaum erwarten konnte, „es" endlich in meinen Händen halten zu können. Mit aller Glut meines Herzens näherte ich mich dem Stuhl und somit auch meiner Erfüllung. Immer wieder ließ ich meine Finger und meine Hand sanft über dem Päckchen Taschentücher spielen und zog sie doch langsam wieder davon weg.

Der Hauch, der im Augenblick „Ich kann es bald haben" schlummert, ist der intensivste Part dieser Übung, denn in diesem Augenblick leben die Wunder der Schöpfung. Dieser Augenblick öffnet das große Schöpfertor und seine Kraft.

Auch bei dieser Übung kribbelte das Feuer leise in meinem Körper. Dieses Mal konnte ich noch klarer erkennen, dass es nie um das Ergebnis eines Wunsches geht, sondern um die so tiefgreifende Bewegung dorthin. Es ist die Öffnung in die glorreiche Erfüllung innerhalb der eigenen Natürlichkeit.

Diese Bewegung ermöglicht aber nicht nur eine ganz natürliche Erfüllung, sondern durch sie kann sich der große Lebensmagnet öffnen und die Wunder des Lebens magisch für uns anziehen.

Leider findet im Leben eines Menschen diese natürliche Bewegung gar nicht mehr so ohne Weiteres statt. Viele haben ihre Natürlichkeit ein Stück verlassen und fordern Erfüllung auf ganz anderen Wegen ein. Viele bestehen regelrecht darauf. Dies kann sowohl laut als auch leise, bewusst oder unbewusst geschehen. Die größte Plattform, um Erfüllung einzufordern oder abzulehnen, sind Partnerschaften, Beziehungen sowie familiäre oder berufliche Strukturen.

Der Preis für eine eingeforderte Erfüllung oder Ablehnung ist jedoch hoch, ganzheitlich und energetisch völlig ungesund. Viele machen sich im Wunsch nach Erfüllung emotional oder systemisch auch stark abhängig. Eine natürliche Bewegung zu einem ganz natürlichen Erfüllt-Sein hingegen ermöglicht alles: Gesundheit, Glück, Sicherheit, Erfolg und Freiheit zugleich, ohne in Verstrickungen zu geraten.

Während der Übung mit dem Päckchen Taschentücher wird sichtbar, wie wichtig es ist, sich im Moment des Zugreifen-Könnens zu verinnerlichen: „Ja, ich kann es bereits in meinen Händen halten. Ja, ich darf heute schon erfüllt sein. Ja, es darf einfach geschehen. Es liegt greifbar vor mir. Wenn ich möchte, darf ich."

Bei dieser Demonstration machte ich die Teilnehmerinnen darauf aufmerksam, dass der heilige Moment des Zugreifens gleichzeitig auch der Augenblick des inneren, ganzheitlichen Begreifen-Könnens ist, an den man sich mit aller Glut seines Herzens herantasten darf.

Ich nahm das Päckchen Taschentücher und vollzog den Akt der Erfüllung. Es hüpfte vor Freude. Dabei sprach ich begeisternd in den Raum hinein: „Ja, ich bin erfüllt. Oh ja, ich kann es greifen. Wow", betonte ich abschließend. „Erfüllung ist das Schönste, was es überhaupt nur geben kann."

Ich ließ meine lebendige Power noch ein bisschen in mir strömen, setzte mich auf meinen Stuhl und wartete einen Augenblick. Danach schaute ich durch die Runde und wollte wissen, wer von den Damen sich nun einen starken Erfüller-Kick ermöglichen wolle. Niemand regte sich. Okay, dachte ich und fragte noch einmal: „Wer von euch ist bereit für eine starke, innere Realisation?"

Es meldete sich keine einzige Teilnehmerin. Was war da los? Ich staunte und überlegte mir eine neue Frage, die auch schon über meine Lippen rollen wollte. „Wer von euch möchte, dass sich sein Wunsch wirklich erfüllt?" Die Damen sahen sich zwar mit großen Augen gegenseitig an, aber niemand rührte sich.

Freundlich und doch nüchtern wollte ich von den Teilnehmerinnen wissen: „Hey, warum seid ihr nochmal hergekommen? Lautet der Titel des Seminares nicht ‚Erfülle deinen Herzenswunsch'?"

Es war still im Raum. Mit so etwas hatte ich nun gar nicht gerechnet. Es war durch und durch eine sehr erstaunliche Erfahrung. Doch von dieser stummen Reaktion habe ich mich nicht verunsichern lassen, denn ich wusste bereits, was sich durch diese Übung alles verändern und erfüllen konnte. So war es für mich ein Leichtes, im Vertrauen zu bleiben, und änderte den Seminarablauf einfach etwas ab. Ich öffnete eine Fragerunde, über die ich von den einzelnen Teilnehmerinnen wissen wollte: „Was macht es für dich persönlich schwierig, diese Übung zu machen?"

Auf diese Betrachtung folgten sehr unterschiedliche Aussagen darüber, warum sie sich nicht öffnen konnten und sich gehemmt fühlten.

Ich konnte klar erkennen: Hier bedarf es erst einmal kleiner Zwischen-schritte. Sich die Erlaubnis und die natürliche Offenheit für das Erfüllt-Sein zu geben, ist bei jeder Erfüllung generell von großer Bedeutung, aber nicht immer selbstverständlich.

Sich die Erlaubnis zu geben, einfach so erfüllt zu sein, ohne etwas Bestimmtes dafür tun zu müssen, kann uns auf einer

Ebene so fremd sein, dass wir sogar das Gefühl bekommen, regungslos zu sein.

Also öffneten wir uns erst einmal für folgende Betrachtungen über die Frage: „Was bedarf es, dass ich mir die große Erfüllung heute schon ermöglichen kann? Was braucht es, damit ich frei und ungebunden glücklich sein kann?" Über diese Betrachtungen durfte sich vieles lockern, ganzheitlich klären sowie energetisch öffnen. Ja, es wurde noch ein sehr lebendiges Seminar. Am Schluss konnte sich jede Teilnehmerin einzeln doch noch einen guten Erfüller-Kick ermöglichen und diese Erfahrung mit ins Leben nehmen.

Die geistige Welt schenkt uns eine Botschaft: Wenn sich ein Mensch schon über längere Zeit hinweg in einer „unglücklichen Durststrecke" befindet, braucht es die sanfte „Unterbrechung des eingebundenen Kreislaufs".

Einfach so, ohne Grund in die Freude zu gehen, wenn das Leben gerade nicht freudig oder wohlig ist, ist gar nicht immer so einfach. Zu Beginn ist es eine große Herausforderung. Wenn aber erst einmal der Anfang gemacht wurde, geht es zunehmend leichter. Hier darf man sich im Eingebunden-Sein selbst an den Haaren aus dem Sumpf ziehen.

Mit ganz einfachen Übungen lassen sich alte Gewohnheitsstrukturen geschickt unterbrechen, damit eine neue Richtung ermöglicht werden kann. Der Erfüller-Kick ist eine wunderbare Gelegenheit, dies zu tun. Über die lebendige Glut des Seins können wir so tun, als erlebe man seine Erfüllung bereits. Das besondere bei diesem Tun ist, dass es bis in die unterbewusste Struktur hineingreift und dort das Neue im Menschen begreifbar und erkenntlich macht.

Auf meinem persönlichen Weg und auch bei vielen meiner Seminarbesucher haben sich durch den Erfüller-Kick „Ich habe es heute schon geschafft" ganz viele Türen geöffnet. Alte energetische Belastungen haben sich „einfach so" aufgelöst. Als ich den allerersten Erfüller-Kick ausgeführt hatte, gab es nichts mehr, was ich aus einem dumpfen Beweggrund hätte „schaffen" müssen. Der angestaute Druck hatte sich geöffnet. Weil ich diesen immensen Druck nicht mehr spürte, konnte ich viel freier atmen. Ich konnte mit dem Leben, mit meinen Talenten und meinem Humor atmen, mich für Gottes Geschick und all seine immensen Geschenke öffnen.

Gewirkt habe ich „einfach so" aus mir heraus – jedoch nicht mehr aus dem Beweggrund heraus, gut sein zu müssen, auch nicht unter dem Vorwand, mich beweisen zu müssen. Ich hatte immer mehr Zugang zu meinem wahren Potential. Das absolut Schöne war, dass ich dem Leben nicht mehr hinterhergerannt bin, sondern dass das Leben immer mehr auf mich zu kam.

Auch die Menschen kamen auf mich zu. Manche haben mich direkt angesprochen: „Frau Maurer, Sie strahlen immer so. Was haben Sie gemacht? Sie haben sich so verändert." Dies zu beantworten war gar nicht so einfach. Weißt du, es ist gar nicht so leicht, wenn du an einer bestimmten Stelle die Antwort von Gott Vater selbst weitergeben darfst: Nichts!

Nichts stimmt jedoch nicht ganz, denn ich habe mich für die Frage „Wo bin ich denn gerade wirklich? In meinen Gedanken, in meinen Gefühlen in meinem Sein?" geöffnet. Ich habe mich für die Betrachtung, wie mein „Dort sein, wo ich gerade bin" ist, geöffnet. Drehe ich mich im Kreis? Stehe ich an der Wand, liege ich unterm Deckbett? Heute frage ich mich: „Wohin geht mein Blick gerade wirklich? Ins Störfeld oder in die Sonne? Wo bin ich? Wohin darf ich mich wenden, damit ich mich mit der großen Kraft der Sonne vereinigen kann?" Ich mache diese Übung – aber immer nur dann, wenn es auffallend unrund in mir ist.

Den Erfüller-Kick mit dem Baustein „Ich habe es geschafft" habe ich für mich selbst nur einmal gemacht. Danach war der Baustein „Es darf sich für mich immer wieder erfüllen" als Basis fest verankert. Manchmal erfülle ich mich durch das innere Gewahrsein „Ich bin wertvoll" noch heute.

Nur brauche ich heute dazu weder den Supermarkt noch die Wasserflasche. Das habe ich insgesamt nur dreimal gemacht. Aber ich habe es gemacht und es hat mir sogar sehr viel Freude bereitet. Es macht mir durch und durch Spaß, mit dem charismatischen Erfüllt-Sein zu experimentieren. Für mich ist es immer wieder ein neues Experiment, denn ich weiß nie wirklich, wie das Leben mir auf dieses gegenwärtige „Erfüllt-Sein" im Laufe der Zeit antwortet.

Das Leben hat so vielseitige, wunderbare Möglichkeiten, uns Menschen auf das Erfüllt-Sein zu antworten. Auf jedes Erfüllt-Sein hin entstehen wunderbare Ergebnisse und Möglichkeiten, die sich offenbaren können. Es sind Inspirationen, die sich vorab gar nicht erdenken lassen.

Die Quelle des Lebens schenkt uns folgende Inspiration:
Wann immer du ohne Grund Freude fühlst, ist deine Kraft bereit, das Leben als Freund anzunehmen. Wenn das Leben dich „einfach so" beschenkt oder beglückt, dann ist das die Antwort auf deine bereits existente „freudige Erfüllung", die schon in dir aktiv ist. Wann immer du das innere Wirken zum Ausdruck bringst, näherst du dich deiner wunderbaren Schöpfung sowie dem Schöpfer Gott um dich herum.

Du schöpfst, weil du im wirkenden Prozess bist. Du schöpfst, weil du du selbst bist und dich dem Buddha oder der Buddhine in dir näherst. Du schöpfst, weil du einfach so in der Gegenwart der Erfüllung atmest, aber nicht, weil du etwas „haben oder nicht mehr haben", nicht, weil du etwas „erreichen oder irgendwie beweisen" möchtest. Sondern du schöpfst, weil du die pure Lebendigkeit zum Spielen bringst und das ist das, was die geistige Welt und Gott Vater mit „Erfülle es dir schon heute" meinen.

Erfahrungsnotiz: *Einfach so. Eine glorreiche Erfüllung ist die Basis der Schöpfung. Auf dieser Basis kann Leben gebären, sich kreativ entfalten sowie wunderbar erfüllen. Eine glorreiche Erfüllung ist nicht an ein Ziel, einen Ort, an Menschen, an Methoden oder an einen Gegenstand gebunden. Glorreiche Erfüllung ist uns allzeit gegeben. Auf diese Basis und auf die glorreichen Möglichkeiten des Lebens dürfen wir nicht warten. Diese grundlegende Basis „Ich darf in der Erfüllung des Lebens einfach so erfüllt sein" gilt es, unbedingt in sich zu öffnen. Du kannst dir wertvolle Bausteine ermöglichen, die den Sonnenmagneten in dir öffnen. Du kannst dies unabhängig von deinen Lebensumständen tun. Antwortet dir das Leben derzeit nicht erfüllt, so kannst du dich* *selbst an den Haaren halten und dich aus deinem gegenwärtigen Sumpfloch herausziehen. Kommst du in der Basis des Lebens an, befreit es dich von deinen Nöten. Dort kannst du dir den Baustein „Einfach so erfüllt sein" ermöglichen, bevor alle Wünsche in Erfüllung gehen konnten. Mit ganz einfachen Übungen kannst du den Kreislauf des bisherigen Gebunden-Seins spielerisch und effektiv unterbrechen. Die effektivste Methode, dies ermöglichen zu können, ist die TAO-Methode: Tu Als Ob. Bei dieser Übung kannst du mit aller Glut deines Herzens und mit all deinen Sinnen einfach so tun, als hättest du deine Erfüllung schon heute erreicht. Schenk dir deinen starken Erfüller auf dein ganz eigenes Wow noch heute. Um spielerisch leicht auf die Erfüller-Ebene der Schöpfung zu kommen, brauchst du einfach die Herzensbereitschaft, dies erfahren zu können: Wähle dazu dein eigenes „Ich darf erfüllt sein". Nimm einen Erfüller-Gegenstand wie beispielsweise ein Päckchen Taschentücher. Sprich, sieh, beweg, fühl und greif dann zu. Es beginnt durch diese Übung, in dir selbst zu begreifen. Gib dich der Schöpfung durch diese Übung hin, erwarte nichts. Empfange für dich und dein Leben jedoch das Beste.*

Übung No.21: *Einfach so erfüllt sein*

Dritter Teil

Kapitel 22: Vom Ich zum Wir

Was mich in meinen emotionalen Phasen des ganzheitlichen Erwachens immer wieder beruhigt und mir Halt gegeben hat, war die Gewissheit, stets mit Mutter Erde sprechen zu können: Immer, wenn es in mir unrund ist, kann ich zu Mutter Erde kommen. Ich kann ihr meine schrägsten Gedanken, Zweifel, Gefühle und alle meine Regungen mitteilen. Immer und immer wieder. Ich kann aber auch zu ihr kommen, wenn mich das große, freie Glück geküsst hat.

Sie würde mir das nie mit einem „Klugscheißer-Spruch" neiden, mit einem doofen Kommentar unterbrechen oder das Wirkende stören wollen. Nie, das würde sie nie tun. Sie ist das Geduldigste, Einfühlsamste und Herzlichste zugleich.

Gerade im Aufstiegsprozess, wenn Menschen am heiklen Punkt sowie am blinden Fleck berührt werden und das Tagesbewusstsein in sich noch nicht erkennen kann, was im multidimensionalen Raum (= im wirkenden Geschehen der Ganzheit) wirklich vor sich geht, braucht es ein gutes Fundament, auf das wir ganz natürlich vertrauen und wo wir immer wieder einkehren können.

Die Ganzheit im Menschen wird in den kommenden Jahren immer aktiver werden. Sie sucht zunehmend nach Möglichkeiten, sich dem Leben frei mitzuteilen. Diese Mitteilungen sind jedoch nicht immer sofort und klar zu verstehen oder leicht nachzuvollziehen. Deshalb ist es ratsam, seine eigene Ganzheit kennenzulernen, sich aus äußeren Verstrickungen sowie aus energetischen Spiegelungen zu befreien.

Sollte es akut unrund, emotional sehr bewegend oder stark verwirrend in dir sein, kannst du immer direkt zur Schöpfung sprechen. Dabei kannst du alles bedingungslos mitteilen, was dich gerade akut bewegt, berührt oder beschäftigt. Mach diese Übung nie zwischen Tür und Angel, sonst sprichst du aus den Wolken heraus, deine Worte verpuffen und die göttliche Kraft kann dich nicht erreichen. Komm deshalb für diese und jede andere Übung stets in dir an.

Du kannst so vorgehen: Verlass bitte zuerst den Platz, an dem du gerade bist. Dieser Platzwechsel signalisiert: Ich habe die Bereitschaft, jetzt meiner ältesten Begrenzung Raum zu geben, damit sie sich in Gottes Hand öffnen oder weichen kann.

Selbst wenn du nur kurz aufstehst, dich einmal im Kreis drehst oder ein bisschen zur Seite rückst, signalisierst du deiner Ganzheit dadurch schon diese starke Bereitschaft.

Du kannst das Zimmer auch gerne ganz verlassen und in ein anderes Zimmer gehen (= das bedeutet, du beendest eine zurückliegende Phase ganz bewusst). An deinem Platz angekommen, sprich laut und langsam Satz für Satz aus dir heraus. Mach zwischen den Sätzen eine kurze Pause. Atme tief ein und aus. In dieser Kommunikation gibt es nur dich und die Schöpfung selbst. Es ist der Äther, der dich hört. Er wird antworten. Vielleicht nicht gleich, aber dann, wenn es soweit ist.

Diese freie Kommunikation kannst du immer praktizieren, noch bevor du dich mit einem anderen Menschen über dein Wirken, deine Freude, dein Glück, deine Belange, deine Zweifel, deine Nöte sowie über deine Regungen austauschst. Es ist deine ganz eigene Kommunikation mit dem Leben und der Schöpfung. Sie darf für eine von dir gewählte Zeit völlig wertfrei sein.

Sprich ohne störende Einflüsse von außen alle innersten Regungen, Gedanken, Zweifel, Wünsche oder Befürchtungen laut aus, auch wenn sie auf den ersten, zweiten und dritten Blick noch so skurril, großartig oder schräg erscheinen.

Mutter Erde und Gott Vater haben Verständnis für dein Wirken, für deine Wünsche, deine Empfindungen und für deine Wahrnehmung. Sie lauschen dir bedingungslos und offen. Was möchte geäußert werden?

Die geistige Welt schenkt uns eine Botschaft: Es ist so schade, dass du aus dem gegenwärtigen Eingebunden-Sein heraus gar nicht immer erkennen kannst, was sich bereits begonnen hat, zu wandeln. Bedenke bitte, was sich im Hintergrund zu wandeln, zu heilen und zu erfüllen beginnt, kannst du gar nicht alles erfassen.

Du kannst im gegenwärtigen Eingebunden-Sein nicht sehen, wovon du dich wirklich befreist oder was du durch deine Übungen ins Rollen bringst. Die eigenen Empfindungen, Vermutungen und Irritationen stehen dir viel zu sehr im Wege. **Das Aufgewühlte darf sich erst einmal setzen, beruhigen, ausschwingen und so in neue Bahnen finden. Es sind Abläufe, die ganz natürlich sind, du kannst sie nicht beschleunigen.**

Wenn man eine Flasche Limonade schüttelt und sie zu schnell öffnet, sprudelt die Limo aus der Flasche heraus. Es dauert einfach eine Weile, bis sie sich wieder setzen kann, so ist es auch in deinem Wirken.

Wenn es unrund in dir ist, dann arbeite mit Bildern, die dich zum Lachen bringen. Frag dich: Bin ich gerade wie die Limo-Flasche? Durchgeschüttelt und muss jetzt warten, bis sich mein Kräftehaushalt wieder gesetzt hat? Oder bin ich gerade tiefgefroren und kann aus meinem Erstarrt-Sein heraus gar nicht erkennen, was ich jetzt brauche? Reite ich gerade einen wilden Stier oder reitet er mich? Hat sich mein Schleudersitz geöffnet und ich muss erst einmal wieder durchatmen? Sitze ich in einem Karussell und es ist Zeit, auszusteigen? Bilder öffnen innere Räume. Dadurch entsteht ein räumliches Begreifen-Können.

Dieses Begreifen-Können ist für die Tagesstruktur heilsam und verständlich. Bitte denk daran, wenn es das nächste Mal akut unrund wirkt. Halte das Geschehen kurz an, am besten geht das, wenn du dich dazu in deine Position bringst und dir ein passendes Bild vor Augen hältst.

Wechsle immer den Platz und sprich alles aus, bis nichts mehr kommen möchte. Schenk dir noch ein bisschen „Einwirkungs- oder Auswirkungszeit". Mach dies völlig frei – das heißt, ohne auf eine spürbare Veränderung zu warten.

Die Wandlung kommt von selbst, sie ist schon unterwegs. Der Anfang ist gemacht, die Schöpfung vollendet. Du kannst es nur noch nicht erfassen.

*Erfahrungsnotiz: Vom Ich zum Wir. **Wenn es unrund in dir ist, dann arbeite mit Bildern. Frag dich: Bin ich gerade wie die Limo-Flasche? Reite ich einen wilden Stier oder reitet er mich? Hat sich mein Schleudersitz geöffnet? Sitze ich in einem Karussell? Halte ich mich an einer Bremse fest? Bilder öffnen innere Räume. Dadurch entsteht ein räumliches Begreifen-Können. Dieses Begreifen-Können ist für die Tagesstruktur heilsam und verständlich. Bitte denk daran, wenn es das nächste Mal akut unrund wirkt. Halte das Geschehen kurz an, am besten geht das, wenn du dich dazu in deine Position bringst und dir dein passendes Bild vor Augen hältst.** (*mehr auf der Homepage unter der Rubrik: *Erkenne deinen Befreier Typus*) **Wenn das Ich zum Wir übergeht, beginnt die Ganzheit, sich uns mitzuteilen. Wenn es unrund in dir ist, mach diese Übung:**

Komm in dir an und sprich zur Schöpfung. Verlasse dazu immer deinen aktuellen Standort und begib dich an einen anderen Platz. Du kannst bedingungslos alles aussprechen, was dich bewegt. Mach zwischen allen ausgesprochenen Sätzen eine kurze Pause. Die Schöpfung lauscht und hilft dir. Sprich in den Äther des Raumes – solange, bis alles ausgesprochen ist und dann bete: Vater, all meine Ängste und all meine Sorgen gebe ich dir. Bitte vollende du meinen Heilungsweg. Du kannst auch so reden: Vater, all mein Glück, all meine Wünsche, sogar die Sonne in meinem Herzen: Ich gebe sie in deine Hände. Bitte, schenk du mir deinen Segen. Du kannst diese Übung auch machen, wenn das Glücklich-Sein dich geküsst hat. In der Schöpfung gibt es weder Neid noch Missgunst. Genieß dein Glück und sprich deine Erlebnisse sowie deine Wünsche aus. Halte dich nicht zurück. Gott vermehrt dein Glück.

Übung No.22: *Platzwechsel.*

Kapitel 23: Das große Geschehen im Wir

Mutter Erde lehrte mich in der Übergangsphase vom „Ich zum Wir in mir" auch, mit dem Thema Eigenverantwortung umzugehen. Dieses Kapitel erzählt, wie wichtig es ist, in sich anhalten, um in die Eigenverantwortung übergehen zu können, besonders dann, wenn das „Ich im Wir" von außen berührt wird.

Über viele Monate hinweg habe ich regelmäßig mit einer Berufskollegin einmal pro Woche mediale Übungen gemacht. Sie kannte die Zeiten meines Überganges vom „Ich zum Wir in mir" sehr gut. Das Besondere zwischen uns beiden war: Sie konnte im Gegensatz zu mir viel mehr in mir erkennen, sehen und fühlen, als ich glaubte, selbst wahrnehmen zu können.

Sie hatte Einblicke in meine Potentiale, empfing Hintergrund-informationen zu Ursache und Wirkung und bekam Botschaften zu meinen Talenten, von denen ich nicht die leiseste Ahnung, geschweige denn Zugang gehabt hätte.

Allein die Tatsache, dass ich über so Vieles verfügen, aber letztendlich nicht öffnen konnte, setzte mich nicht nur immens unter Druck, sondern lähmte zeitweise auch meinen kreativen Fluss. Wenn sie ging, sagte sie oft zu mir: „Heike, deine Unfähigkeit dich in deinem wahren Potential erkennen zu können, erstaunt mich jedes Mal aufs Neue."

Wenn sie das ausgesprochen hatte, prallten ihre Worte immer wie eine Wand an mir ab. Sprachlos stand ich da und kam mir irgendwie blöd vor. Oft reflektierte ich ihre Aussage stundenlang. Einmal schenkte sie mir folgende Botschaft: „Mensch, Heike, die Goldsäcke deines Erfolges stehen schon längst bereit, sie sind randvoll. Du müsstest nur danach greifen. Warum greifst du nicht rein? Ich kann überhaupt nicht verstehen, warum du das nicht tust! Warum lässt du dir das alles entgehen? Du hast so viele mediale Talente, so ein großes Potential, so viel Power." Sie sprach und sprach unentwegt über mich und über mein so großartiges „Du bist, hast und könntest".

Wie ein eingeschüchtertes Schulmädchen saß ich ihr stumm gegenüber. Es kam mir vor, als würde ein Film an mir vorüberziehen, der kaum etwas mit mir zu tun hatte. Doch an einer Stelle packten mich ihre Worte. Alles, was sie bis dahin zu mir gesagt hatte, berührte mich ehrlich gesagt recht wenig. Aber als sie mich fragte „Sag mal, wie lange willst du eigentlich noch hier rumsitzen und auf eine Veränderung warten?", regte sich augenblicklich der lebendige Stier in mir.

Stopp, begann es in mir zu reflektieren. Mutter Erde würde so nie mit mir reden. Sie würde mich weder fragen, wann endlich oder wie lange noch. Dieses Gespräch hatte nicht den geringsten Ansatz für eine liebevolle Öffnung. Oder doch?

Ich unterbrach sie und teilte ihr mein Empfinden mit: „Tut mir leid, aber ich habe nicht das Gefühl, dass du gerade in deinem Herzen bist. Also wer in dir spricht gerade?"

Sie hielt inne. Für einen längeren Augenblicklich wurde es sehr leise im Raum. Ich konnte sehen, dass sie in sich hinein hörte: „Wer in mir spricht?" Daraufhin antwortete sie mir: „Ja, ich war gerade nicht in meinem Herzen."

Dass ich dir dieses Erlebnis erzähle, hat folgenden Beweggrund. Wenn du lernst, deiner gütigen Mutter Erde in dir zu lauschen, erkennst du, wann ein Mensch um dich herum gerade selbst nicht bei Mutter Erde (= in seiner Güte) ist. Du erkennst es, wenn dein Gesprächspartner angetrieben ist, etwas zu dir zu sagen, was nicht aus seinem Herzen strömt.

Du bekommst heilsamen Abstand und hältst in dir an, wenn dein Gegenüber in einer Ego-Phase, im Machtkampf, im Mitleid oder in einem verrückten Psycho-Spiel steckt. Du erkennst ganz klar, was in diesen Momenten Sinn macht, zu diskutieren und was nicht. Du verzichtest jedoch nicht aus Trotz oder aus einer Abwehrhaltung heraus, sondern aus deiner freien Wahlmöglichkeit: Möchte ich einsteigen, mich verwickeln lassen oder möchte ich nicht?

Das natürliche Anhalten-Können zieht sich durch alle Ebenen unseres Seins hindurch. Über das Anhalten-Können stehen dir viel Kraft und Toleranz, aber auch Mut zur Verfügung. Du kannst gesunde Grenzen ziehen, dein Selbstbewusstsein erblüht. Deine Werte öffnen sich dir.

Erfahrungsnotiz: Das große Geschehen im Wir. Gespräche mit anderen Menschen berühren immer wieder neu deinen Kräftehaushalt. Dies kannst du nicht verhindern, sondern ihnen nur immer wieder neu begegnen. Du kannst dich für die Frage öffnen: Wie reagiert mein Kräftehaushalt heute? Was war vor der Reaktion? Wie habe ich während des Geschehens reagiert? Wie habe ich hinterher reagiert? Aussagen von anderen Menschen können dich energetisch ohne Weiteres in ihren Bann ziehen, dich verwirren oder zu etwas verlocken, was du gar nicht möchtest. Manchmal kann es Tage oder Wochen dauern, um das wirklich „Brauchbare" einer Aussage oder einer Erfahrung in sich öffnen oder befreien zu können. Schau bitte erst für dich selbst. Lass dir dabei Zeit und beobachte dich locker in deinem wirkenden Geschehen. Verzichte ganz bewusst darauf, eine Erklärung finden zu wollen. So lange dich eine Aussage lähmt oder verwirrt, das Gesprochene nicht frei fließen oder etwas Abstand in dir gewinnen kann, schenk dir Raum und Zeit für die ganzheitliche Wandlung.

Übung No.23: *Natürlich Anhalten-Können*

Kapitel 24: Finde Abstand im Geschehen

Als sie ging, setzte ich mich kurze Zeit später in meinen Sessel und nahm Kontakt zu Mutter Erde auf. Ich erzählte ihr, wie ich in dieser Situation anhalten konnte und erinnerte mich daran, wie ich mir bei ihrer Aussage: „Heike, deine Unfähigkeit dich in deinem wahren Potential erkennen zu können," immer ein bisschen blöd vorkam.

Mutter Erde ließ mich in aller Ruhe alles aussprechen und stellte mir danach folgende Frage: „Kind, was war in der zurückliegenden Erfahrung für dich das Unangenehmste? War es das Gefühl, blöd zu sein oder eher die Tatsache, dass ihre Worte wie an einer Wand an dir heruntergerasselt sind?"

Aus meinem Verstand heraus hätte ich, ohne daran zu zweifeln, auf das Gefühl des Blödseins getippt. Doch als sie mich durch die Buttonübung geführt hatte, konnte ich erkennen, dass es mich ganz klar zur Wand hinzog.

Ich war erstaunt und sprach: „Oh, ich sehe, es zieht mich zur Wand. Damit habe ich nun wirklich nicht gerechnet." Ich holte tief Luft und meine Fähigkeit, querzudenken, fügte in Windeseile ergänzend hinzu: „Klar, wie kann es denn anders sein? Ich stehe mal wieder an einer Wand – wie immer."

„Stopp", lenkte Mutter Erde sofort ein: „Kind, halt an! Woher willst du wissen, dass diese Mauer auch wirklich deine Mauer ist?"

Als Mutter Erde mir diese Botschaft schenkte, hatte ich für ein paar Sekunden das Gefühl, die Zeit würde stehenbleiben. Meine Augen wurden unruhig, als würden sie mir verständlich machen wollen, dass sie für mich auf der Suche nach dem wahren Schöpfer dieser Mauer waren.

Es wurde außergewöhnlich still in mir und ich konnte meinem Atem lauschen. Greifbare Impulse, zu wem die Mauer wirklich gehörte, bekam ich allerdings keine. Verunsichert sprach ich zu Mutter Erde: „Ich weiß nicht, ob es meine Mauer ist oder nicht."

Kaum hatte ich den Satz ausgesprochen, berührte mich eine tiefe, innere Realisation mit den Worten: „Doch. Du weißt es."

Ich erkannte sofort, dass diese Stimme nicht von Mutter Erde, sondern aus einer tieferen Oktave kam. Vielleicht war es die Quelle der Wahrheit, die mich in diesem Augenblick berührte? Auch wenn ich immer noch nicht erfassen konnte, zu wem die Mauer gehörte, wusste diese Stimme es ganz genau.

Mutter Erde bereitete mich auf eine Übung vor und gab mir folgende Anweisungen: „Bitte bete nun dein Gebet. Stell dich danach in die Mitte des Raumes. Sieh im Geist dir gegenüber deine Kollegin. Wähle, wie nahe sie dir kommen darf.

Sprich folgenden Satz aus: ‚Es kann sein, dass du in mir etwas sehen kannst, was du in dir selbst nicht mehr siehst. Es kann sein, dass es dir leichter fällt, in mir etwas zu sehen, als dir selbst Öffnung zu ermöglichen.'"

„Das ist eine klare Aussage", dachte ich – zu diesem Zeitpunkt verstand ich allerdings ihre Bedeutung noch nicht. Während ich den Satz ausgesprochen hatte, öffnete sich eine alte, angestaute Energie in meinem Solarplexus.

Mein rechtes Bein wurde unruhig, tippelte auf einer Stelle und begann nach einer Weile, sich auszuschütteln. Mutter Erde klärte mich währenddessen auf: „Kind, die Reaktion deines Beines ist die Öffnung eines gebundenen Schocks in deinem Kräftehaushalt. Schüttle dich solange aus, bis es von selbst aufhört."

Dies zu tun, fühlte sich kraftvoll und befreiend zugleich an. Mir war nach Schreien zumute. Mein Bauch krümmte sich und

Mutter Erde unterwies mich weiter: „Kind, schenk dir nun einen Ton für dein Gefühl. Es genügt, wenn du ihn im Geiste hörst."

Sich das im Geiste vorzustellen, war viel intensiver und kraftvoller, als würde man den Ton aktiv herausposaunen.

Mutter Erde gab kund: „Sag nun folgenden Satz: ‚Auch ich habe in dir etwas gesehen, was ich in mir selbst nicht mehr sehen konnte. Ich erkenne: Es war für mich viel leichter, in dir zu sehen als in mir selbst. Es war gut, in dir sehen zu können, denn ich konnte mir bisher selbst keine Öffnung ermöglichen. Danke, dass du dich zur Verfügung gestellt hast.'"

Als ich diese Worte ausgesprochen hatte, wurde mir bewusst, welche Heilkraft sich in diesem Satz öffnete: „In dir kann ich etwas sehen, was ich in mir selbst nicht sehen oder öffnen (wandeln, befreien, erfüllen, lieben, offenbaren etc.) kann."

Nach einer kurzen Pause ging die Übung weiter. Mutter Erde sprach: „Folge nun bitte deiner Intuition. Was möchtest du jetzt tun?"

Auf diese Frage hin bekam ich einen klaren Impuls: „Ich möchte einen Schritt zurückgehen und Abstand nehmen."

Sie stimmte zu: „Ja, mach das."

Ich ging zuerst einen und dann noch einen Schritt zurück. In diesem Abstand stellte ich fest, dass unser Blickkontakt starr gewesen ist. Wir sahen uns gefestigt in die Augen. Die Energien strömten hin und her.

„Ich kann ja gar nicht wegsehen. Warum ist das so?", wollte ich von Mutter Erde wissen.

Sie antwortete: „Das ist ein Kontrollmechanismus. Wenn ihr euch begegnet, kontrolliert sie über dich ihr inneres Geschehen und du kontrollierst über sie dein inneres Geschehen. Ihr traut euch beide nicht, in die vollständige Öffnung überzugehen." Durch diese Gegenüberstellung konnte ich zum ersten Mal erkennen, dass wir beide Teil einer großen Wechselwirkung waren.

„Schau hin und wisse: Solange der Mensch im Außen einen Anker oder Fixpunkt findet, an dem er sich halten oder wohin er das Innere verlagern kann, geschieht die große, innere Sonnenöffnung nicht."

Als sie diese Worte ausgesprochen hatte, fühlte ich mich wie ein treuer Soldat. Stramm stehend, mit klarem Blick auf mein Gegenüber und einer Botschaft im Herzen, die lautete: Ich lasse dich nicht im Stich, geliebter Kamerad.

Mutter Erde sprach in klaren Worten weiter: „Kind, du fühlst dich für sie verantwortlich. Das musst du nicht. Komm zurück in deine Eigenverantwortung. Sie hat ihre eigene Kraftquelle, die ihr helfen kann – so wie du deine hast. Du kommst an dein wunderbares Potential, wenn du deine Verpflichtung loslässt und in deine Eigenverantwortung übergehst. Dort gilt es, dein Licht zu öffnen. Deine Eigenverantwortung spricht zu dir: ‚Heike, du darfst den Blick von ihr wegnehmen. Für sie ist gesorgt. Sie kann sich selbst öffnen, wenn du sie nicht mehr über deinen Blick hältst. Gib sie nun bitte für ihre Eigenverantwortung frei.'"

Als ich so dastand, leuchtete mir ein, dass, wenn wir uns gegenseitig hielten, jeder zwar eine Krücke für den anderen war, wir aber keine wahre Öffnung erfahren würden. Ich bekam den Impuls, einen Schritt zur Seite zu gehen. Doch dies zu tun, war gar nicht so einfach. Unsere Blicke waren wie magnetisch gehalten.

Mutter Erde sagte: „Kind, das kannst du nicht alleine lösen. Da brauchst du Hilfe aus der geistigen Welt. Sprich ein Gebet, Gott Vater soll dir Helfer und seine Boten senden. Er möge dich aus deinem Pflichtgefühl befreien."

Das tat ich dann auch. Kurze Zeit später konnte ich den Blick lockern und einen Schritt zur Seite gehen. Mutter Erde gab mir dazu folgende Botschaft: „Sprich zu deinem Gegenüber. Ich wünsche mir, dass deine und meine Sicht für die Wunder des Lebens frei bleiben. So kannst du in dir und ich in mir sehen. Die Sonne kann sich so in jedem einzelnen öffnen."

Mutter Erde schenkt uns eine Botschaft: Es ist wichtig, dass ihr euch aus euren Spiegelungen befreit, sonst werdet ihr nie und nimmer frei.

Das Prinzip ist sehr einfach: Lernt, in euch selbst zu sehen. **(Sehend zu sein, heißt, eine räumliche Öffnung zu ermöglichen, damit deine Augen dich selbst in deinem Schatten sowie im Lichte erkennen können. Dies aktiviert den Sonnenmagneten.)** Erkenne, wann du das Gegenüber siehst und nicht dich selbst.

Um dies erkennen zu können, schenke ich dir eine ganz leichte, aber effektive Frage: Schließe dazu bitte kurz deine Augen und stell dir vor, wie ich dir diese Frage nun stelle:

„Welcher Mensch kommt dir sofort in den Sinn, wenn du an dein Thema denkst? An wen denkst du sofort?"

Hinweis: Die Person, an die du jetzt denkst, muss mit dem eigentlichen Thema gar nicht in Verbindung stehen. Sie meldet sich deshalb bei dir, weil deine Göttlichkeit erkennt: „Ah, in ihr kann ich etwas sehen, was ich in mir selbst nicht mehr öffne, wovon ich mich abwende oder was ich bearbeiten kann. Diese Person macht es dir lediglich möglich, die Chance der Öffnung und der Eigenverantwortung zu nutzen. Es ist eine Einladung, um in dir selbst sehend zu sein.

Du könntest jetzt hingehen und für dich herausfinden, was du in dir nicht mehr sehen kannst. Du würdest dazu bestimmt ganz viele Impulse und jede Menge Informationen erhalten. Eine aussagekräftige Story kreieren und noch mehr über dich erfahren, als du schon weißt.

Aber dies zu tun, öffnet und wandelt nicht das dazugehörige Energiefeld der bisherigen Verbindung, der Verschlossenheit oder des Irrtums. Diese Auseinandersetzung mit der Thematik schult dich nicht in der Fähigkeit, dich selbst sehen zu können. Stattdessen öffnet sich Thema um Thema und du bindest dich immer und immer wieder neu an irgendwelche Störfelder. Steig aus diesem Kreislauf aus und gib dem Blinden in dir die Chance, zu erwachen.

Erfahrungsnotiz: Finde Abstand im Geschehen. **Wenn es unrund ist in dir, dann setz dich hin und bete ein kurzes Gebet. Atme ein paarmal tief ein und aus. Danach kannst du dich mit geschlossenen Augen fragen: „Welcher Mensch kommt mir sofort in den Sinn, wenn ich an mein Thema denke?" Durch diese Person kannst du etwas sehen, das du in dir nicht mehr sehen, öffnen, bearbeiten, erfüllen oder offenbaren kannst. Es ist wichtig, dass wir uns aus Spiegelungen befreien, um den Kreislauf der immer** wiederkehrenden Themen zu beenden. Wir halten uns gegenseitig energetisch fest, weil wir unbewusst Angst vor der großen Sonnentor-Öffnung haben. Es kann aber auch sein, dass wir uns einem anderen Menschen verpflichtet fühlen, in einer ungestillten Erwartungshaltung oder in einem zurückliegenden Erlebnis stehen. Es gibt viele Gründe, Geschichten und Erfahrungen, warum wir nicht mehr in uns selbst, sondern bei unserem Gegenüber Halt, Verlagerung, Erklärung und Schutz suchen. Das zu erforschen und zu ergründen, schafft jedoch keine Befreiung und auch keine Wandlung. (Sehend zu sein, heißt, eine räumliche Öffnung zu ermöglichen, damit deine Augen dich selbst in deinem Schatten sowie im Lichte erkennen und begreifen können.)

Übung No.24: *Spiegelungen erkennen, lösen, wandeln*

Kapitel 25: Bereit für eine neue Sicht

Mutter Erde hat mit mir zum Thema „Löse dich von deinen Spiegelungen" einige Übungsstunden absolviert und mich dabei intensiv geschult.

Dabei hat sie immer wieder betont, wie wichtig es ist sich energetisch abzunabeln, damit Wandlung, Erfüllung und Eigenverantwortung bedingungslos erlebt werden können. Durch die Annahme der Eigenverantwortung kann der Mensch in seine liebende Herrlichkeit und in seine Vollmacht zurückkehren. Er und seine Ganzheit können sich im Licht selbst erkennen, begreifen und öffnen.

Die geistige Welt schenkt uns zum Begriff „Eigenverantwortung" eine Botschaft: Vielen Menschen macht die Vorstellung, in ihre Eigenverantwortung zurückzukehren, Angst oder sie löst Druck aus.

Das muss sie aber nicht, denn dies zu tun, ist für einen Menschen mehr als lohnenswert. Es ist heilsam, befreiend und erfüllend zugleich. Wir wollen euch aus unserer Sicht mitteilen, was wir unter diesem Begriff verstehen:

Eigenverantwortung ist die Fähigkeit, in seine eigene Lichtquelle sowie in die schöpferische Kraft zurückzukehren. Dann, wenn die Wurzel (auch die Ahnen) in ihrer Lichtquelle nicht mehr integer war. Wenn wir sie selbst für andere Menschen, äußere Umstände, Verpflichtungen, niedere Beweggründe oder für Irrtümer verlassen haben.

Kehrt man in seine schöpferische Kraft zurück, verändern sich Ursache und Wirkung von selbst. Verstrickungen und Abhängigkeiten lösen sich dadurch auf und alle Beteiligten, die in das Thema eingebunden waren, bekommen eine immense

Chance, aus der Quelle Gottes schöpfen zu können. Diese Chance kann allerdings jeder nur in sich selbst öffnen. **Die Quintessenz daraus lautet: Kehrt zurück und versucht nicht, die Störquelle zu verändern!**

Eigenverantwortung beginnt mit ganz einfachen Fragen: Möchte ich aus meinem Lichte schöpfen? Möchte ich aus meiner Kraft schöpfen? Möchte ich, dass mich das Leben beschenkt?

Auf diese Frage antwortet die Persönlichkeit sehr schnell: „Na klar möchte ich das." Doch oftmals sagen die Seele, das Unterbewusste im Menschen oder der Kräftehaushalt dazu etwas ganz anderes. Diese Bereiche halten viel lieber an alten Vorstellungen, Vereinbarungen oder an Bedingungen fest.

Wenn wir uns aus unseren Spiegelungen befreien, werden auch diese versteckten Bereiche für uns wieder sichtbar und bewusst. Sie können so Befreiung finden. Wenn dich ein aktuelles Thema beschäftigt, dann kannst du nachsehen, ob du dich in einer Spiegelung befindest und ob sich dahinter eine energetische Verbundenheit verbirgt. Experimentiere in akuten Phasen für dich – so wie im Beispiel beschrieben. Falsch machen kannst du dabei nichts.

Erinnerst du dich noch an die Frage? An wen denkst du sofort, wenn du an dein Thema denkst? Über diese Person (oder Arbeitsplatz, Zug, Auto, Beruf, Urlaub etc.) kannst du anfangen, deine Spiegelungen aufzulösen. Wenn ein Thema jedoch immer wieder kommt oder wenn eine Kraft auf Seelenebene noch an- oder zurückgehalten wird, braucht es allerdings den Blick sowie Unterstützung von außen.

Gerne führe ich bei Bedarf diese Heilarbeit mit dir aus. Des Weiteren besteht auch die Möglichkeit, Seminare zum Thema „Löse dich von deinen Spiegelungen und schule deinen göttlichen Blick" zu besuchen.

Das Beste an der Übung ist: Durch diese Arbeit lösen sich nicht nur Spiegelungen, sondern es öffnet sich auch der göttliche Blick im Menschen. Im göttlichen Blick sehen die Ganzheit Mensch und die geistige Welt gleichzeitig auf das erlösende oder erfüllende Thema.

Innere und äußere Räume öffnen sich sanft und effektiv. Dadurch können energetische Befreiung, Wandlung und Offenbarung mit Hilfe der geistigen Welt, aber auch durch die schöpferische Kraft im Menschen selbst geschehen.

Die geistige Welt schenkt uns eine Botschaft zum göttlichen Blick: Durch den göttlichen Blick öffnen sich der Kräftehaushalt sowie die Ganzheit im Menschen. Er kann die Wandlung Gottes empfangen und im Leben erfahren. Neue Möglichkeiten zeigen sich. Das Göttliche im Menschen tritt hervor und offenbart sich. Sie vollendet, was der Mensch begonnen hat.

Der göttliche Blick fördert zusätzlich die natürliche Hellsichtigkeit der physischen Augen. Der Blinde im Menschen kann sehen. Der Stumme sprechen. Der Lahme gehen. Selbst verkrustete Themen auf Seelenebene oder im Unterbewusstsein werden weich und öffnen sich sanft. Unerlöstes kommt langsam wieder aus seinem Versteck hervor und ist bereit, sich zu zeigen.

Wenn der Mensch beginnt, für sich selbst zu sehen, sieht auch immer die geistige Welt mit und das ist sehr heilsam.

Das wunderbar Schöne am göttlichen Blick ist die Möglichkeit, für sich und sein Leben die absolute Eigenverantwortung zu übernehmen, denn über die Eigenverantwortung öffnen sich das wahre Potential und die Lichtquelle Gottes im Menschen. Die Ganzheit Mensch findet zurück in ihren Lichtkreis. Darin liegt die Basis für ein glückliches, gesundes und erfülltes Leben.

Der Lichtkreis ist aber noch viel mehr, er ist wahrlich die Ausgangsposition, um selbst ein aufgestiegener Meister werden zu können. In ihm befinden sich der Ursprung sowie die göttliche Vollendung im Menschen.

Erfahrungsnotiz: Bereit für eine neue Sicht. **Durch die systemische Gegenüberstellung kann ich mich in meinem ganz eigenen Entwicklungstempo aus allen meinen unbewussten Spiegelungen, Irritationen, Verstrickungen und Anhaftungen lösen. Themen auf Seelenebene finden ihren Abschluss. Durch den göttlichen Blick öffnet sich die Ganzheit und der Mensch kann die Wandlung Gottes empfangen. Das Göttliche im Menschen tritt immer mehr hervor und offenbart sich. Sie vollendet, was der Mensch begonnen hat. Über die Frage „An wen denke ich sofort, wenn ich an mein Unrund-Sein denke", erkenne ich, mit wem oder womit ich die Übung machen kann.**

Übung No.25: *Der göttliche Blick*

Kapitel 26: Erkenne dich in deinem Licht

Durch die zurückliegenden Einblicke wollte ich natürlich mehr über mich und meinen Kräftehaushalt erfahren. So setzte ich mich eines Morgens in meinen Arbeitssessel und nahm Kontakt zu Mutter Erde auf. Mit folgenden Worten begann ich das Gespräch: „Mutter Erde, darf ich dich etwas fragen?"

„Na klar, Kind", antwortete sie mir.

„Du hast doch gesagt, dass der göttliche Blick nicht nur die Schatten, sondern auch das Licht in mir öffnen kann."

„Ja, das stimmt", bestätigte sie.

„Okay, ich bin soweit", verkündete ich selbstsicher, „ich möchte mein Licht sehen."

„Gut, dann begleite ich dich in deine nächste Übung. Bete zuerst dein Gebet, so dass deine Helfer dich im göttlichen Sehen unterstützen können. Richte deine Aufmerksamkeit dann auf deine Fußsohlen. Atme über beide Nasenflügel tief in den Bauchraum ein und viel länger wieder aus. Wiederhole das und atme danach ganz normal weiter."

Ich folgte ihrer Anweisung.

Mutter Erde setzte die Übung fort und sprach: „Steh bitte auf und entferne dich vom Sessel, soweit dich das Gefühl trägt, soweit du dich entfernen möchtest."

Ich stand auf und entfernte mich ein paar Schritte vom Sessel.

„Dreh dich nun langsam um und sieh bitte mit offenen Augen auf den Sessel. Erzähl mir, was du dort siehst."

Ich drehte mich um, blickte stumm auf den Sessel und sah nichts. Ich kniff die Augen zusammen, blieb für einen Augenblick in der Anspannung, ließ los, öffnete meine Augen wieder und sah erneut zum Sessel, doch ich sah wieder nichts.

Verdutzt sagte ich zu Mutter Erde: „Außer dem Sessel sehe ich nichts."

„Ja, das stimmt", antwortete sie mir. „Du siehst nichts. Das ist ganz normal. Du kannst dich wieder setzen."

„Wie? Ich kann mich wieder setzen? Was bedeutet das jetzt?"

Mit nur einem Satz klärte sie mich auf: „Nun, Kind, dies war der Beweis, dass du dein Licht noch nicht erkennen kannst. Das genügt vollkommen."

„Wie? Das genügt vollkommen? Das erfüllt mich doch nicht. Ich habe mit einem Wow-Effekt gerechnet."

„Nun, daraus wird wohl nichts", erklärte Mutter Erde gelassen.

„Ja und nun? Was machen wir jetzt? Ich will doch mein Licht sehen", räumte ich ein.

„Kind, wisse: Über deinen Willen erreichst du gar nichts. Höchstens einen massiven Widerstand. Aber den wollen wir heute nicht betrachten oder?"

Zu spät, realisierte ich. *Er hat sich schon gemeldet. Zeit, durchzuatmen und Ruhe zu bewahren, sonst reißt mein Hengst aus und mit ihm meine Kraft.*

Mutter Erde war immer noch an meiner Seite und fragte mich: „Alles klar?"

Ich fühlte mich ertappt und antwortete leicht verlegen: „Bis auf meine wirkende Kraft ist soweit alles okay."

„Wie schön", antwortete sie, „es bewegt sich doch mehr, als du gedacht hast."

Mutter Erde schenkt uns eine Botschaft: Der göttliche Blick sieht beide Seiten. Den Schatten wie auch das Licht. Auf dein bewusstes Sehen hin bekommst du immer eine Antwort. Mal antwortet es dir laut, also über die emotionale Ebene oder über deine Kraft, ein anderes Mal leise. Das heißt, du kannst in dem, was sich gerade in dir bewegt, weder etwas fühlen, verstehen, noch erkennen.

Die beste Vorgehensweise, um mehr über dein natürliches Sehen zu erfahren und deinen göttlichen Blick zu schulen, ist, vollkommen frei von jeglicher Erwartungshaltung zu sein. Eine gute Übung, dies zu trainieren, ist die folgende: Setz dich hin und komm an deinem gewählten Platz gut in dir an. Atme ein paarmal ganz bewusst tief ein und aus. Bete zu jeder Übung immer ein Gebet. Dadurch kann auf deinen Wunsch hin die geistige Welt an deine Seite kommen. Dies kann dein Schutzengel oder jemand aus deinem Geistführerteam sein – wie zum Beispiel ein Krafttier, das Naturreich über eine Pflanze, Bäume oder Mineralien, eine archetypische Qualität, eine Seelenqualität, die Weisheit der Schöpfung selbst, aber auch das gütige Feld der Ahnen. Sie alle stehen uns immer wohlwollend zur Seite. Wenn uns eine feinstoffliche Kraft berühren möchte, braucht diese ca. sieben Minuten, um sich auszubreiten, damit sie für uns aktiv sein kann.

Dein Schutzengel öffnet seinen göttlichen Blick und sieht mit dir mit. Dies geschieht unabhängig davon, ob du deine Helfer aus der geistigen Welt fühlst oder nicht. Wenn du in dir angekommen bist, steh bitte auf und entferne dich mit wenigen Schritten von deinem Platz. Dreh dich um und sieh dorthin.

Der energetische Abdruck deines Selbsts und der deiner Aura befinden sich noch dort, wo du gerade eben gesessen hast. Deine göttliche Ebene kann diesen Abdruck und das, was sich darin befindet, durchaus noch sehen – unabhängig davon, ob du persönlich etwas erkennen kannst oder nicht.

Die spirituelle Ebene in dir sieht und erkennt, was sich dort bewegt oder nicht bewegt, was sich befreien, erlösen oder mitteilen möchte. Sie sieht, was sich entfalten kann. Da die geistige Welt an deiner Seite steht, kann sie dir immens helfen, das zu fördern, was gefördert, gewandelt oder offenbart werden möchte.

Dein Part ist lediglich mit offenem Blick, ganz locker, ohne etwas zu erwarten, dort hinzusehen. Dies öffnet, bewegt und wandelt. Es ist eine Frage des Zeitgefüges, bis sich die feinstofflichen Antennen deiner Augen mit deiner Gehirnstruktur vernetzt haben und du es auch in deinem Tagesbewusstsein erkennen kannst.

Erfahrungsnotiz: Erkenne dich in deinem Licht. ***Wenn du betest, ist die geistige Welt nach ca. sieben Minuten an deiner Seite*** *und bis an die Körper-Inkarnationsebene (= so wie du im Leben eingebunden bist) bei dir angekommen. Dein Schutzengel sieht mit dir mit und erkennt, was gewandelt, gefügt oder geöffnet werden darf. Die geistige Welt unterstützt deine Arbeit immens. Dazu musst du die geistige Welt weder hören, noch sehen und auch nicht fühlen können. Die Gewissheit, dass sie da ist, darf genügen. Schenk dir einfach die Zeit des Ankommens. Lenk deine Aufmerksamkeit dazu auf deine Fußsohlen und atme ein paarmal tief ein und aus. Wenn du anfängst, deinen göttlichen Blick zu schulen, kann es durchaus sein, dass du erst einmal gar nichts sehen wirst. Dieses „Ich sehe ja gar nichts" in dir erkennen zu können, ist immens wichtig, denn dadurch bewegt sich der Teil in dir, der es ganz natürlich kann. Schulst du deinen göttlichen Blick, wird es nicht mehr lange dauern und du wirst deine Besonderheit oder deine Lichtquelle über deine Augen sehen, intuitiv fühlen oder einfach erkennen können.*

Übung No.26: *Sehe deine Herrlichkeit*

Kapitel 27: Eine wichtige Botschaft

Jeder Mensch trägt seine eigene, wertvolle Welt in sich. In seiner Welt befinden sich seine Schatten, die Schöpfungsquelle sowie sein eigenes, charismatisches Licht.

Viele Schatten, Potentiale und Lichter sind sich ähnlich, aber kein Thema und kein Licht ist gleich. Da menschliche Augen ganz natürlich nach außen blicken und nicht nach innen, gehen sie vom inneren Geschehen der Lichtquelle unbewusst und doch bewusst weg.

Bewegt dich etwas im Inneren, was deine Tagesstruktur nicht mehr frei zuordnen oder erkennen kann oder lehnt sie etwas ab, dann gehen deine Augen hin und suchen außerhalb deines Kräftehaushaltes das innere Geschehen im Außen wieder.

Durch diese Verlagerung nach außen fehlen der göttlichen Wandlungskraft und deinem Potential jedoch der Magnet und die Kraft, sich selbst öffnen zu können.

So kommt es, dass du den Schatten und das Licht nicht in dir selbst, sondern vorzugsweise in deinem Gegenüber siehst und umgekehrt. Die Verlagerung nach außen hemmt nicht nur die innere Öffnung und alles, was damit im Zusammenhang steht (wie Selbstwertgefühl, Sicherheit, Vollmacht etc.), sondern es schafft Missverständnisse, Verstrickungen, Abhängigkeiten, Leiden und chronische Unzufriedenheit.

Ihr lockt und erinnert euch gegenseitig entweder an das Unerlöste oder an das Licht. Der Drang nach Befreiung sowie nach wahrer Erfüllung wird somit immer stärker. Er sucht nach einem Durchbruch und möchte gelebt werden.

Bitte bedenke: Solange dein Blick im Gegenüber, im Störfeld oder in der Ungewissheit gebunden ist, kannst du die große innere Lichtquelle in dir selbst nicht öffnen. Potentiale

und Talente können sich dadurch nicht frei entfalten. Ist dem so, beginnt im Menschen die Suche nach dem Licht. Ist die innere Schattenwelt unerlöst, ruft diese auf ihre Weise stetig weiter.
Sie ruft solange, bis sie von dir gesehen wird. Kann dies nicht geschehen, drehst du dich stetig neu im Kreise – in der Hoffnung, das Unerlöste irgendwann erlösen zu können. Du kannst lösen und lösen, erklären, analysieren und beweisen, Zusammenhänge verstehen lernen und verstehen. Doch bedenke: Sehen ist sehen. Es lässt sich durch nichts ersetzen.

Halt kurz an, wenn du suchst, kämpfst oder wenn es unrund in dir ist. Halt dann ganz bewusst an, wenn du dabei bist, dem Wirkenden einen Namen zu geben, es mit Personen, Geschehnissen, Vermutungen, Analysen oder Spekulationen in Verbindung zu bringen.

Halt hier ganz bewusst kurz an. Nimm den Blick zurück und erkenne dich im eigenen Schatten sowie im Licht. Wenn deine Augen deinen Schatten und dein inneres Licht einmal selbst sehen konnten, beginnen deine wahre Erlösung, Öffnung und Erfüllung.

Erfahrungsnotiz: Eine wichtige Botschaft. Solange dein Blick im Gegenüber, im Störfeld oder in der Ungewissheit gebunden ist, kannst du die große innere Lichtquelle und die Wandlung in dir selbst nicht öffnen. Potentiale und Talente können sich dadurch nicht frei entfalten. Ist dem so, beginnt in dir entweder die Suche nach Erlösung oder nach dem Licht. Wenn du es gewohnt bist, dein Licht und deinen Schatten außerhalb von dir zu sehen, erfüllt dich das auf Dauer nicht und ermöglicht dir auch keine wahre Erlösung. Ist die innere Schattenwelt unerlöst, ruft diese auf ihre Weise stetig weiter. Dadurch wirst du vielleicht dazu geneigt sein, immer wieder enttäuscht oder unsicher zu sein, zu leiden und zu fragen – solange bis du in dir selbst halten und im eigenen Licht erwachen kannst. Bitte denke daran: Viele Lichter außerhalb von dir gleichen deinem Licht. Sie alle erinnern dich immer wieder an dein ganz eigenes Licht. Doch dein Licht wirst du außerhalb von dir nicht finden können! Du kannst es nur durch dich selbst öffnen und sehen. Fang an, deine Augen zu trainieren, damit sie dich selbst sehen können. Erkenne, in wem du dich finden möchtest, über wen du siehst. Erkenne dies und nimm deinen energetischen Blick zu dir zurück. Die Wunder des Lebens öffnen sich für dich und für alle Beteiligten.

Übung No.27: *Wahre Erfüllung – Zurück in deine Lichtquelle*

Kapitel 28: Was du siehst, kannst du wandeln

Weil ich eines Abends nicht einschlafen konnte, wälzte ich mich im Bett hin und her. Irgendwann kam ich auf die Idee, mich mit dem Kopf ans Fußende zu legen, und bettete mich um. Ich stellte fest, dass ich so auf meinen Arbeitsplatz im gegenüberliegenden Zimmer sehen konnte.

Der volle Mond erhellte den Raum magisch und ich staunte, wie schön mein Zimmer aussah. Aus dieser Position hatte ich es noch nie betrachtet. So viele Beratungen, Webinare und Meditationen hatte ich dort schon gehalten und jetzt war alles still. Während ich so hingesehen habe, hatte ich plötzlich den Eindruck, ich schaue mir selbst beim Arbeiten zu.

Ich sah mich in einer goldenen Silhouette sitzen und inmitten meines Körpers war ein schwarzer Strich, der sich vom Hals abwärts durch meinen Körper zog. Ich war ruhig in der Betrachtung und fragte mich: „Was ist das? Ist das vielleicht die Antwort auf meinen Wunsch, mein Licht sehen zu können?

Eine goldene Aura und ein schwarzer Strich. Was könnte das konkret bedeuten? Ich würde morgen früh gleich mal Mutter Erde fragen. Das tat ich auch. Mutter Erde erklärte mir, dass der schwarze Strich auf eine Blockade im Energiehaushalt hinweisen würde, die an der Wurzel ihren Ursprung habe und am Hals das Chakra verknote. Sie meinte: „Dieser Punkt zieht dich hin und wieder, wie ihr so schön sagt, runter. Wenn es das nächste Mal unrund in dir ist, so wisse, dein Energiepunkt befindet sich jetzt im Keller (= in der Wurzel bei deinen Ahnen). Setz dich dann in deinen Sessel und sag dir: ‚Heute gehe ich nicht in den Keller, heute bleibe ich hier. Hier bei mir.'

Wenn du dies tust, kommt das energetisch hoch, was deine Ahnen zurückhalten. Hab keine Angst, es ist nur eine dunkle Suppe."

Igitt, dachte ich mir, *ich möchte doch keine dunkle Suppe.* Es schüttelte mich bei dem Gedanken.

„Ja, Kind", sprach Mutter Erde, „niemand möchte die dunkle Suppe hochsteigen lassen und schon gar nicht sehen, deshalb sind auch so viele Wurzeln blockiert. Doch wisse, was immer energetisch unterdrückt wird, sucht anderweitig nach Möglichkeiten, sich Freiheit, Ausgleich und Luft zu verschaffen.

Was willst du? Weiterhin runtergezogen werden oder der Suppe die Möglichkeit geben, dass sie sich in Gold verwandeln kann? Lässt du sie hochsteigen, befreit sich dein Halschakra von selbst. Doch wisse, dieser Prozess dauert. Schenk dir viel Zeit und Raum, aber keine ‚Willis'. Willis im Sinne von ‚Ich will aber jetzt und am besten gleich.' Achte bitte darauf, okay?"

Mutter Erde gab mir deutlich zu verstehen, dass sich dieses Thema nun in den nächsten Wochen zeigen und auch bearbeiten lassen würde, diese Entfaltung aber Geduld brauche.

Das Zeitfenster der vollständigen Wandlung liegt ab der Erkenntnis bei ca. neun bis zwölf Monaten.

So setzte ich mich in den nächsten unrunden Phasen immer wieder neu hin und sprach stets den gleichen Satz aus: „Heute gehe ich nicht in den Keller. Heute bleibe ich hier." Dadurch, dass ich nicht mehr „runterging", kam wirklich so einiges an die Oberfläche. Auch die Suppe stieg in mir auf und dies im akuten Geschehen wahrnehmen zu müssen, war gar nicht so schlimm, wie ich zuerst gedacht hatte.

In diesem Prozess habe ich auch eine liebe Freundin kennengelernt: das Maiglöckchen. Ich begegnete ihm am tiefsten Punkt der Wandlung, dort, wo meine Energie im Keller gebunden war. Es hat für mich in den Keller gesehen und mir geholfen, meinen Kräftehaushalt aufzurichten. Dies stärkte nicht nur mein Selbstwertgefühl, sondern auch mein Selbstvertrauen immens.

Heute erkenne ich, dass diese Form der Heilung für mich immer erst rückwirkend erkennbar und greifbar war. In dem Moment, in dem das Maiglöckchen mir seine Kraft geschenkt hat, konnte ich seine Hilfe nicht wirklich erfassen.

Das Maiglöckchen schenkt uns eine Botschaft: „Ich würde den Menschen gerne helfen, sich aufzurichten, loszulassen und energetisch frei zu sein, doch sie lassen sich nicht gerne auf diesen Punkt der Wandlung ein. Oft streikt hier das Abwehrsystem im Körper und möchte diese Berührung nicht geschehen lassen. Wer aber die Absicht hat, zu mir zu kommen, dem helfe ich gerne. Ich kann euch die ältesten Spiegelungen und die darin gebundenen Glaubenssätze auflösen, euren Kräftehaushalt aufrichten und eurer Seele helfen, dass sich ihre wohlduftende Lotusblume öffnet."

Erfahrungsnotiz: Was du siehst, kannst du auch annehmen. Nimm deine Willis zu dir zurück. Erkenne, wann dein „Ich will jetzt" oder dein „Wann endlich" für dich aktiv werden. Komm in diesen Momenten immer wieder neu bei dir an. Setze dich in den nächsten unrunden Phasen einfach hin und spreche diesen Satz ein paar Mal laut aus: „Heute gehe ich nicht in den Keller. Heute bleibe ich hier." Dadurch, dass du energetisch nicht mehr „runtergehst", kann wirklich so einiges an die Oberfläche kommen, was bisher nicht aufsteigen konnte. Danach senke den Kopf. Dein Blick sieht mit geschlossenen Augen auf den Boden. Stelle dir vor, du würdest dort wie in einen Spiegel oder in einen klaren See sehen. Frage dich (ohne etwas sehen zu wollen): Was sehe ich dort? Bin ich wirklich bereit zu sehen oder möchte mein Blick sich abwenden? Bitte Erzengel Michael um seine Hilfe. Er kann dir helfen, dass deine gebundenen Kräfte sich lockern und deine Energiebahnen sich aufrichten können. Bitte auch das Maiglöckchen um Hilfe. Deine Seelennatur kann durch seine Hilfe Befreiung und Gnade finden.

Übung No.28: *Heute bleibe ich hier*

Kapitel 29: Schenk dir Raum und Zeit

Das Ich ist absolut der kleinste Teil, der über Öffnung zum Kräftehaushalt sowie zum göttlichen Potential verfügen oder darüber bestimmen kann. Das Ich ist aber auch der größte Teil, der immens darunter leidet, wenn es nicht so geschieht, wie der Mensch es gerne hätte.

Die geistige Welt schenkt uns eine Botschaft: Im ganzheitlichen Erwachen ist die Ganzheit Mensch bestrebt, sich in der „Wir-Harmonie" erkennen und entfalten zu können. Körper, Seele und Geist möchten sich gegenseitig die Hände reichen, miteinander kommunizieren, kreativ und schöpferisch sein. Manchmal kann es Jahre dauern, bis sich die Ich- oder die Seelen-Struktur gelassen zurücknehmen, zur Seite gehen, weichen und für die Wandlung öffnen können.

Im ganzheitlichen Erwachen vollziehen sich viele Schritte leise, zart und filigran. Oft ist es im Außen viel zu laut, um die Feinheiten in sich selbst erkennen und wahrnehmen zu können. Viele von euch fragen sich: „Was kann ich tun, um hellsichtiger zu werden?" Oft schenken wir dazu ein und dieselbe Antwort: „Damit du besser sehen kannst, darf es in dir feiner hören können." Ja, aber ich möchte mehr sehen und nicht besser hören.

An diesem Punkt suchen sich viele einen neuen Lehrer, weil das „Ich" an dieser Stelle spricht: „Ich will, kann und werde." Das sind die sogenannten Willis, die dem Menschen am wahren Punkt der Öffnung gerne etwas ungehalten in die Quere kommen können. Steigt der Mensch in diesen Momenten zusätzlich auf den Feuerhengst auf und wird dieser über niedere Beweggründe angetrieben, hat die göttliche Natürlichkeit kaum eine Chance, den Menschen mit der Kraft des zarten, aber doch so kraftvollen

Maiglöckchens zu vereinigen. Hier kann man Menschen nicht halten oder überzeugen, sondern nur ziehen lassen.

Wenn es um das Thema ganzheitliche Öffnung geht, erinnere ich mich gerne an die Botschaft meines Geistführers. Sie lässt mich immer wieder anhalten, wenn ich zu sehr in der Ich-Position verhaftet bin: Ich muss doch jetzt! Ich will jetzt endlich! Warum geht es jetzt nicht weiter? So, wie es ist, gefällt es mir nicht. Aber auch dann, wenn ich in den typischen Warum-, Wieso-, Weshalb-Fragen verweile.

Die Botschaft lautet: Der Kopf – er denkt; das Herz – es fühlt; die Sehnsucht – sie wünscht; die Seele – sie schweigt; die Kraft – sie wirkt. Das Ich – es würde ja so gerne. In welcher Position bin ich gerade wirklich? Ich trete zurück und schenke dem „Wir in mir" Raum. Ich frage mich: „Wie bewegt sich meine stärkste Kraft gerade? Wie möchte sie sich öffnen?" Dazu setze ich mich hin und beobachte mein Geschehen.

Erfahrungsnotiz: Vom Ich zum Wir – Schenk dir Raum und Zeit. **Das Ich kann keine Öffnung bewirken, dafür kann das Ich etwas anderes. Das Ich hält an, damit alles Weitere geschehen kann. Durch das kurze Anhalten-Können öffnen sich Raum, Zeit und die schöpferische Kraft im Menschen. Das Ich kann dort im eigenen „Sich selbst im Wege stehen" immer wieder für das „Wir in mir" einen Schritt zu Seite gehen, wenn eine Regung notwendig ist. Das Ich darf lernen, geduldig zu sein, wenn ein Teil versucht, schneller als die Zeit zu sein – dann, wenn ein Teil im Eingebunden-Sein vielleicht in einem leisen, versteckten Irrtum verweilt oder der Feuerhengst gerade davongaloppieren möchte. Ich frage mich: „Wie bewegt sich meine stärkste Kraft gerade wirklich?"**

Übung No.29: *Öffne den Raum deiner schöpferischen Kraft*

Kapitel 30: Ankommen

Halte kurz an, wenn es unrund ist. Wähle dazu deinen Satz. Vielleicht ist es dieser: „Oh, es wirkt in mir. Aha. Es wirkt", oder: „Wo bin ich denn gerade wirklich? In meinem Denken, in meinem Fühlen, in meinem Sein?"

Komm in dir an – mit allem, was in dir wirkt. Schenk dir für das Ankommen Raum und Zeitgefüge (= das, was entstehen und sich fügen darf, wenn du im wirkenden Geschehen in dir anhältst). Zum Ankommen brauchst du anfangs mindestens 20 Minuten, später, wenn du im Ankommen schon geübt bist, brauchst du vielleicht nur noch zwölf bis sieben Minuten. Bitte gönn dir diesen heiligen Raum und ganz besonders das Zeitgefüge im Ankommen.

Durch das Ankommen erkennst du auch, **warum beten nicht gleich beten ist**. Wenn du zwischen Tür und Angel einfach so zum Leben sprichst und dabei deine Wünsche äußerst, kann dich Gott zwar hören, aber das setzt voraus, dass er gerade nichts anderes zu tun hat. Wenn du aber in dir angekommen bist, wird er dich auf jeden Fall und garantiert hören. Er wird dich dort sogar an die Hand nehmen und dich laut oder leise fragen: „Kind, was willst du eigentlich wirklich?"

Ankommen ist die Fähigkeit, im wirkenden Prozess kurz anhalten und erkennen zu können: „Oh es wirkt. Ich halte an." Wir schenken uns Raum und Zeitgefüge. Wir erkennen an, dass das, was gegenwärtig in uns wirkt, weder gut noch schlecht ist. Es ist – nicht mehr und auch nicht weniger. Alles, was das Ich darüber hinaus erklären möchte, bremst die schöpferische Offenbarung aus.

Im Ankommen können wir uns alle Fragen stellen, aber wir verzichten ganz bewusst auf eine Antwort. Zudem

verzichten wir darauf, die Absicht verstehen, verändern, erklären, hören, sehen oder irgendetwas erreichen zu wollen.

Ankommen ist die Kunst, der Ganzheit im wirkenden Geschehen die Möglichkeit zu geben, sich selbst zu finden. Dort öffnen sich deine Schöpfung, deine Kraft, Gott und das Leben.

Damit diese Wandlung noch stärker angeregt wird, können wir uns auch gezielt Fragen stellen (siehe nächstes Kapitel). **Fragen, die diese Bewegung bewusst ankurbeln und die wir spielerisch erlernen können.**

In allen meinen Meditationen wird das Ankommen praktiziert. Kommt ein Mensch regelmäßig in sich an, öffnen sich ihm die Ganzheit, der starke Lotse sowie die große Sonnennatur automatisch. Anfangs ist die Öffnung sehr, sehr leise. Das heißt, der Mensch wird das, was sich in ihm öffnet, für lange Zeit gar nicht bewusst in sich erkennen können.

Das ist ganz natürlich, denn diese Öffnung und die Sonnennatur selbst kann der Mensch kaum sehen oder fühlen. Es geschieht leise und die Öffnung selbst wird sich unter Berücksichtigung des göttlichen Zeitgefüges nicht als Antwort, sondern vielmehr als wunderbares Ergebnis im Leben zeigen.

Ich schreibe dies deshalb, weil viele Menschen während der Übung auf ein bestimmtes Gefühl, auf ein Zeichen der Öffnung oder auf eine sichtbare Veränderung warten. Bitte erwarte während des Ankommens keine Erkenntnisse. Wenn du im Ankommen eine Erkenntnis geschenkt bekommst, ist das schön, aber für deine Öffnung nicht notwendig. Warte nicht auf ein bestimmtes Gefühl, das dir Befreiung signalisieren könnte, sondern übe Gelassenheit in der Aussage:

Wann immer wir im Geschehen ankommen, dem Wirkenden Raum und Zeitgefüge schenken, kommt der Kräftehaushalt von selbst in den göttlichen Fluss. Die Öffnung des göttlichen Flusses beginnt bereits nach ca. sieben bis 30 Minuten des Ankommens. Unsere Energien starten im göttlichen Fluss von Neuem, wenn wir im wirkenden Geschehen ankommen können.

Mein Tipp: Setz dich hin, wenn es in dir oder um dich herum akut unrund ist. Komm in deinem gegenwärtigen Geschehen an. Hol dich ab und sprich alles aus, was dich wirklich bewegt. Erwarte nichts, empfange das Beste. Es lohnt sich. Mehr Informationen dazu gibt es im nächsten Kapitel.

Erfahrungsnotiz: Ankommen. Ankommen ist die Fähigkeit, im wirkenden Prozess kurz anhalten zu können: „Oh es wirkt. Ich halte an." Ich schenke mir Raum und Zeitgefüge. Erkenne an, dass das, was gegenwärtig in mir wirkt, weder gut noch schlecht ist. Es ist – nicht mehr und auch nicht weniger. Alles, was das Ich darüber hinaus erklären möchte, bremst die schöpferische Offenbarung aus. Im Ankommen kann ich mir alle Fragen stellen, aber ich verzichte ganz bewusst auf eine Antwort. Zudem verzichte ich auf die Absicht verstehen, verändern, erklären, hören, sehen oder irgendetwas erreichen zu wollen.
Ankommen ist die Kunst, der Ganzheit im wirkenden Geschehen die Möglichkeit zu geben, sich selbst zu finden. Dort öffnet sich die Schöpfung, meine Kraft, Gott und das Leben. Wann immer es in mir unrund ist, ist es Zeit anzukommen. Ich verlasse zuerst meinen gegenwärtigen Platz

und setze mich an eine andere Stelle. (Dieser Platzwechsel bedeutet: Ich bin bereit, überholte Standpunkte oder Verhaftungen, die mich binden, in mir verändern zu wollen.) Ich frage mich: Bin ich jetzt bereit, meinem Wirkenden Raum zu schenken? Ich beginne zu sprechen. „Alles, was ich fühle ist weder gut noch schlecht, es ist nicht mehr und auch nicht weniger. Ich bin bereit, alles zu fragen, verzichte aber ganz bewusst auf eine Antwort. Ich bin bereit, alles zu fühlen, verzichte aber auf jede Definition. Ich bin bereit, zu verstehen, verzichte aber auf jede Erkenntnis. Ich bin für mich da, so wie es sich jetzt zeigen möchte."

Übung No.30: *Öffnung und Übergang in den göttlichen Fluss*

Kapitel 31: Liebevolle Provokation

Ich möchte dir nun eine Kommunikationsform vorstellen, über die du in dir erkennen kannst, wer in dir sich eigentlich angesprochen fühlt, wer jetzt eine Antwort finden will.

Wir können durch diese Übung erkennen, wer antwortet, wenn es unrund ist, und wer, wenn es glücklich ist. Ist es jedes Mal der gleiche oder sind es unterschiedliche Bereiche? Durch diese Übung lernst du deine verschiedenen Bereiche spielerisch kennen und deine Ganzheit lockert sich.

Du kannst in dieser liebevollen Provokation so vorgehen: Mach diese Übung nie zwischen Tür und Angel. Nimm dir mindestens 15 Minuten Zeit. Setz dich in einem Glücksmoment oder in einer akuten Phase hin und fühle, wenn es dein Wirken ermöglicht, zuerst ein paar Augenblicke in deine Fußsohlen hinein. Bete dein Gebet. Atme dreimal über beide Nasenflügel tief in den Bauchraum ein und mit offenem Mund viel, viel länger wieder aus.

Frag dich: „Was fühlt es in mir?" Durch diese Frage kommen automatisch alle Definitionen, Erinnerungen und Namen, die du selbst, deine Abwehr, deine Verteidigung, deine Seele, deine Wurzel, dein Erbgut oder dein dir noch Unbewusstes über dein Fühlen und Denken je miteinander in Verbindung gebracht haben, automatisch zu Wort.

Die Frage „Was fühlt es in mir?" dringt bis in die kleinste Ritze der Ganzheit und des Kräftehaushalts hinein. Sprich deine Frage immer laut aus: „Was fühlt es in mir?" Beobachte ganz locker, welche Vorschläge du auf diese Frage aus deiner Ganzheit heraus bekommst.

Kommen da vielleicht ganze Erklärungen, Sätze, Beschreibungen oder sind es nur einzelne Wörter oder Vermutungen? Lass alle Vorschläge völlig frei und ohne Wertung aufkommen. Schieb alle Worte, Eingebungen, Bilder, Beschreibungen, Erklärungen und Namen, die du auf deine Frage bekommst, zur Seite.

Frag dich in aller Ruhe, jedoch stets laut sprechend, mindestens neunmal: „Was fühlt es in mir?" Frag dich einfach nur und lass geschehen, ohne dass du auf Fragen wie „Warum?", „Weshalb möchte dies nun gefühlt werden?" oder „Warum bekomme ich jetzt diese Impulse?" einsteigst.

Du kannst dir deine Frage solange stellen, wie dir Vorschläge angeboten werden. Es kann sein, dass dir aus dieser Betrachtung heraus eine Übung in den Sinn kommt. Wenn ja, mach diese Übung. Sie bringt dich weiter.

Ich gebe dir ein kurzes Beispiel: Du fragst dich: „Was fühlt es in mir?" Daraufhin bekommst du den Vorschlag Traurigkeit. Dann kannst du sagen: „Ah. Okay. Traurigkeit möchte gefühlt werden." Du lässt die Traurigkeit stehen und fragst dich sofort weiter: „Was fühlt es in mir?" Du bekommst den Vorschlag Unbeschwertheit. „Ah. Okay. Unbeschwertheit möchte gefühlt werden." Du lässt die Unbeschwertheit stehen und fragst dich sofort weiter: „Was fühlt es in mir?" Du bekommst den Vorschlag innere Zerrissenheit. „Ah. Okay. Innere Zerrissenheit möchte gefühlt werden." Nun hast du zwei Möglichkeiten weiter zu arbeiten. Du kannst dich solange weiter fragen, bis keine Impulse mehr kommen möchten oder an dieser Stelle in die Buttonübung übergehen.

Schau hin! In diesem Beispiel kann die Kraft nicht wählen, wohin sie möchte: in die Traurigkeit oder in die Unbeschwertheit? Dies löst Zerrissenheit aus. Hier kann man der Kraft helfen, eine gute Wahl zu treffen. Stell dir vor deinem inneren Auge zwei gelbe Buttons vor. Der linke Button steht für die Traurigkeit, der rechte für die Unbeschwertheit. Wohin zieht es dich? Zieht es dich zur Traurigkeit, dann wiederhole die Übung. Betrachte beide Buttons, solange bis dich der Button „Unbeschwertheit" ruft. Es kann aber auch sein, dass du geradeaus siehst.

Dies kann bedeuten, dass dort jemand steht und dir sagt, was du zu tun hast. Stell dir vor, dass du zum Ritter wirst und mit einem Bein auf die Knie gehst. Sprich folgende Worte aus: „Für meine Freiheit gehe ich gerne in die göttliche Hingabe. Ich nehme meinen Blick von dir und öffne mich für die Kraft, die sich mir anbietet. Blicke als Ritter auf den Boden. Dort ist das Maiglöckchen und wartet auf dich. Es befreit dich und hilft dir. Es kann dir sagen, was neu in dir gefühlt werden möchte. Frag dich: Was möchte in mir gefühlt werden? Vielleicht kommt als Antwort Sonnenschein. Was verbindest du mit diesem Wort? Vielleicht Glück, Erfolg, Charisma, Selbstwertgefühl, Geschenke? Das Maiglöckchen hilft dir, diese Essenz durch dich hindurchströmen zu lassen. Es öffnet deine Chakren und deine Drüsen. Du ziehst die Essenz der Sonne in dein Leben. Sie erfüllt dich.

Du kannst die Übung auch über die Ebene des Denkens tun. Dazu kannst du dich fragen: „Oh, was möchte es denken?" Wisse, sobald du diese Frage öffnest, bekommst du verschiedene Vorschläge, was es in dir denken möchte. Beobachte diese Vorschläge einfach nur. Du kannst laut sprechen: „Ah, schau her, was es in mir denken möchte."

Lass sie kommen, deine Gedanken. Unterdrück sie nicht. Nimm sie einfach nur wahr und schiebe sie wie ein Bild auf die Seite. Du kannst sie betrachten und erkennen. Sind es ganze Erklärungen oder vielleicht Erzählungen, die da kommen wollen? Sind es nur einzelne Wörter?

Bestätige, wenn du möchtest: „Alles, was ich denke, ist weder gut noch schlecht. Es ist – nicht mehr und auch nicht weniger." Frag dich, wenn absolut keine Impulse mehr aus deinen Fragen herauskommen: „Wo bin ich? Wo bin ich eigentlich wirklich?" Spüre in deine Fußsohlen hinein und sag dir: „Ich bin hier. Ich bin jetzt hier, bei mir." Schau in deine Hände oder auf deine Füße. (Dort ist auch immer das Maiglöckchen. Erinnere dich, es kann dir helfen.)

Die geistige Welt gibt kund: Die Übungen in diesem Kapitel helfen dir, erkennen zu können, wann es wie in dir sprechen möchte. Sie ermöglichen dir Abstand vom Geschehen. Sie durchzuführen, schenkt dir eine große Erleichterung.

Erfahrungsnotiz: Liebevolle Provokation. Ich darf alles fühlen und ich halte das Fühlen nicht durch einen Namen in mir auf. Alles darf durch mich hindurch denken, aber ich habe nicht die Absicht, das Denken verstehen zu wollen. Ich schenke mir nun ganz viel Raum; viel, viel Raum. Wenn ich mich frage, was in mir gefühlt werden möchte, bekomme ich verschiedene Vorschläge. Ich sehe mir einen Vorschlag wie ein Bild an, beobachte es kurz und schiebe es umgehend auf die Seite. Ich stelle mir solange, bis nichts mehr kommen möchte, diese Frage. Dann schaue ich in meine Hände oder auf meine Füße und spreche aus: „Ich bin für mich da." Der Kopf senkt sich und ich erinnere mich an dieser Stelle wieder an das Maiglöckchen. Es hilft mir erneut, mich aufzurichten. Ich kann auch zu ihm sprechen: „Bitte hilf mir, dass ich frei in die Sonne sehen und mich im wahren Lichte zeigen kann." Der Geist im Maiglöckchen hat eine große, große Kraft.

Übung No.31: *Eine heilsame Kommunikation*

Kapitel 32: Himmlische Verzückung

Wir haben viele Möglichkeiten, das Wirkende kurz anzuhalten, damit sich die Sonnenkraft in uns öffnen kann. Je nachdem, wie der Mensch in seinen Kräfte- und Seelenhaushalt eingebunden ist, bedarf es seines ganz eigenen Zeitgefüges, bis sich dieser lockern, entspannen und in die Öffnung übergehen kann.

Die eigentliche Öffnung, Wandlung oder Erfüllung ist jedoch immer nur ein magisch kurzer Moment, der sich im Eingebunden-Sein kaum erfassen und erkennen lässt. In diesem kurzen Augenblick wird Leben erneuert.

Meine Seele möchte sprechen: Es ist ein kurzer Augenblick der Freude, die mich erquickt. Ein kurzer Augenblick der Liebe, die meine Wunden heilt. Doch um ein Haar hätte ich ihn kaum bemerkt und er wäre einfach so an mir vorübergezogen. Glück gehabt. Ich halte kurz an und erkenne, es ist der eine winzige Augenblick, der uns den Himmel wie auch das Leben öffnet.

Wir wollen nicht länger auf ihn warten, ihn festhalten, sondern immer wieder neu zu ihm zurückkehren. Uns dort Raum geben.

In deinen Augen wohnen viele, viele Sterne. Sie warten darauf, leuchten zu können. Sobald du dich auf ein einziges Lächeln in dir besinnst und dir dabei eine wohlige Wärme schenkst, beginnen sie, für dich zu leuchten.

Darf ich dich etwas fragen? Warst du dir heute schon eines Lächelns in dir bewusst? Möchtest du kurz anhalten und dein freudiges Lächeln und eine wohlige Wärme in dir wahrnehmen?

Bitte bedenke: Es geht nicht darum, dass du diese Sterne in dir leuchten siehst. Auch nicht darum, ob du dabei etwas Bestimmtes fühlst. Wichtig ist nur, dass du dich auf diesen einen Augenblick immer wieder neu besinnst. Wann immer du ihn berührst, öffnet sich dir der Schöpferraum.

Du wirst es kaum bemerken, denn es geschieht auf ganz leise, wundervolle Weise. Es geht nicht um die Dauer des Lächelns, sondern es geht um den einen, kurzen Augenblick, in dem du erkennen kannst, *dass* es in dir lächelt. In diesem Zauber berührt sich die Schöpfung von selbst.

Erfahrungsnotiz: Himmlische Verzückung. **Das bewusste Lächeln ist eine ganz leichte, wunderbare Übung, um den inneren Schöpferraum zu öffnen. Das Schöne an dieser Übung ist, dass du der Schöpfung nicht erklären musst, was du wirklich haben oder verändern möchtest, denn die Schöpfung weiß schon längst alles über dich. Sie kennt deinen Weg und alle deine Wünsche. Je freier wir der Schöpfung im Kräftehaushalt entgegenkommen, umso mehr können uns die Wunder des Lebens auch berühren. Bist du offen, annehmen zu können, dass sich über diesen kurzen Augenblick nicht nur dein innerer, sondern auch der äußere Raum der Schöpfung öffnet und das, was du dir so sehnlichst wünschst, schon längst begonnen hat, sich dir zu verwirklichen?**

Übung No.32: *Berühre den Raum der Schöpfung*

Kapitel 33: Die goldene Sonne

Die goldene Sonne steht unter anderem für das wohlwollende Prinzip des Lebens, aber auch für die Wiedervereinigung unserer reinen Christus-Seele.

Wenn wir uns auf die Sonne des Lebens ausrichten, kann uns diese Kraft wunderbar durchs Leben lotsen, beglücken, genesen, vereinigen und erfüllen. Sie kann uns aber auch weit darüber hinaus auf die Vermählung mit der ureigenen Christus-Seele (= das Seelenselbst) vorbereiten.

Dieser Seelenbereich stammt von uns selbst und gehört zu uns selbst. Sie ist von göttlichem Ursprung, feinstofflich, völlig rein und pure Liebe. Sie möchte sich wieder mit uns vereinigen. Kommt es zu Lebzeiten nicht zu dieser Wiedervereinigung, wartet sie auf unser Kommen.

Verlassen wir mit dem Tod die irdische Welt, sehen wir sie spätestens am Spiegel des Lebens als Weltenwanderer im Jenseits wieder. Doch leider können sich bei der Niederkunft nicht alle Menschen mit der großen Seele ihres Selbsts wiedervereinigen.

Bedenken wir: Der Weltenwanderer kommt mit all seinen Erinnerungen, Erfahrungen und Erlebnissen von seiner Erdenreise zurück und steht nun seinem völlig freien und frohlockenden Seelenselbst gegenüber. Zu unterschiedlich schwingen und leuchten hier die Lichter der Seelen, die sich nun nach langer Zeit das erste Mal wiedersehen und sich gegenüberstehen. Wie werden sie aufeinander zugehen können? Können sie sich umarmen und annehmen oder brauchen sie Abstand?

Hell ist das Licht des Seelenselbsts, rein und unschuldig seine Silhouette. Der Anblick dieser reinen Unschuld erinnert den

Betrachter auch an Themen, bei denen er sich selbst oder anderen nicht vergeben wollte oder konnte. Der Kopf senkt sich dabei oft und die langersehnte Vermählung ist nicht mehr möglich. Mit gesenktem Blick sucht der Weltenwanderer nun das Maiglöckchen. Er möchte es um Hilfe bitten. Doch wo ist das Maiglöckchen? Der Wunsch auf ein neues Erdenleben kann nun stärker sein als die Wiedervereinigung mit der Christus-Seele.

Die geistige Welt möchte uns eine Botschaft schenken: Mit jeder Transformationsarbeit näherst du dich dieser reinen Liebe und deinem ureigenen Christus-Licht (= das Seelenselbst). Du kannst dich heute schon auf die große Seele (= die ihr ja selbst seid) und ihre Vermählung vorbereiten.

Jedes Mal wenn du dich aus einer Spiegelung löst und dich für den göttlichen Blick öffnest, stimmst du dich schon auf sie ein. Mit jedem Hinsehen, ob du nun die Schatten oder das Licht siehst, bereitest du dich auf dieses großes Ereignis vor.

Bitte nimm diese Botschaft in dein Herz auf: Das, was du zu Lebzeiten ansehen kannst, das kannst du auch bedenkenlos in den feinstofflichen Welten ohne Scham oder schlechtes Gewissen frei betrachten. Dadurch senkt sich der Kopf nicht mehr und das große Licht kann angenommen werden.

Was du heute sehen und annehmen kannst, erleichtert nicht nur die zukünftige Vermählung und die lang ersehnte Wiedervereinigung, sondern du wirst schon zu Lebzeiten im Seelenlicht angehoben.

Das unterstützt dich unwahrscheinlich, ermöglicht eine große Erleichterung im Vorwärtskommen und schenkt dir eine greifbare Erfüllung, die dir im Leben zugutekommt.

Bitte nutze die Chance und stimme dich schon zu Lebzeiten auf deine goldene Sonne, die Christus-Seele ein, dann erschrickst du nicht, wenn du als Weltenwanderer deiner großen Herrlichkeit das erste Mal wieder gegenüberstehst.

Warum würdest du mit der Ursonne des Lebens zusammenarbeiten wollen? Ist es eher die Erfüllung im gegenwärtigen Leben, die bevorstehende Seelenwiedervereinigung oder beides? Du kannst die Buttonübung machen und schauen, wo es dich gegenwärtig hinzieht.

Der häufigste Grund, warum ein Mensch nicht mehr mit der goldenen Sonne des Lebens (=die Ursonne) zusammenarbeitet, ist eine unbewusste Ausgangsposition. Wenn die Ausgangsposition nicht bei Mutter der Erde ist, kann sich die Ursonne nicht öffnen.

Bedenke bitte, die stärkste Position im Menschen kann überall sein, nur nicht bei Mutter Erde. Sie kann beim Nachbarn sein, beim Ex-Partner, in der Kindheit, in den Wolken, in der Sehnsucht, an der Wand stehend, im Kreise drehend, unterm Deckbett liegend, im positiven Denken, im Erreichen-Wollen, im Nicht-mehr-Wollen oder in der Hoffnung schwebend.

Mutter Erde und das Maiglöckchen schenken uns eine Botschaft: Wir wissen, es ist für dich nicht leicht zu erkennen, wie eine Ganzheit in den Kräfte- und Seelenhaushalt eingebunden ist und ob eine Ganzheit auch wirklich zu 100 Prozent dazu bereit ist, sich für ein erfülltes Leben zu öffnen.

Bitte verinnerliche diese so wichtige Botschaft: Es geht nicht darum, dass du dies frei erkennen müsstest, sondern es geht darum, eine Möglichkeit zu erschaffen, durch die es letztendlich geschehen kann. Das Geschehen-Können ist viel wichtiger!

Deshalb haben wir für dich diese sehr einfache, aber hoch effektive Übung ausgearbeitet. Über sie kommst du immer dort an, wo du auch gegenwärtig eingebunden bist – unabhängig davon, ob du es erkennen kannst oder nicht.

Wir nennen sie „Zugang zu einem erfüllten Leben". In dieser Übung starten wir immer in der gegenwärtigen Ausgangsposition, wenden uns der goldenen Sonne (= Ursonne) des Lebens zu und öffnen uns für sie. **Beobachte dich bitte:** Solltest du, während du in den Übungen stehst, den Kopf zur Seite drehen, nach innen oder gar nach unten sehen, dann erinnere dich an den Weltenwanderer der das Licht seiner großen Seele nicht annehmen kann. Bitte uns in diesen Momenten um Hilfe. Wir werden dir helfen, dass deine Energiebahnen sich aufrichten können und du dein Licht frei annehmen kannst. Solange du lebst, hast du das Feuer der Sonne in dir. Das Feuer öffnet und befreit nicht nur dein Licht, sondern auch deine Lebenskraft. Nutze diese große Hilfe und erhebe dich, denn im Jenseits bist du nur noch Geist.

Immer, wenn du über die nun folgende Übung dort in dir ankommst, wo du bist, hast du die Möglichkeit, dich auf die goldene Sonne des Lebens einzustimmen, dich ihr zuzuwenden und dich auf dein großes Sein vorzubereiten. Wir schenken dir gerne den Zugang ins erfüllte Leben und in die Wiedervereinigung deiner großen Seele.

Der Übungsablauf: Setz dich bitte an deinen auserwählten Platz. Komm in deinen Fußsohlen an. Bete dein Gebet. Atme dreimal über beide Nasenflügel tief ein und viel, viel länger wieder aus. Atme danach ganz normal weiter.

Der nächste Schritt innerhalb der Übung lautet: Ordne deinen energetischen Blick. Frag dich dazu oder lass dich von einem Freund fragen: **„In welche Richtung sehe ich, wenn ich an mein Eingebunden-Sein denke? Wo ist mein Fixpunkt?"** (Du kannst dich auch fragen: „Wohin sehe ich, wenn ich an mein akutes Geschehen, mein Thema oder an meine Gewohnheit denke?")

Schenk dir ein bisschen Zeit, bis deine Augen diesen Punkt gefunden haben. Vielleicht hast du das Bedürfnis, aufzustehen. Tu das. Du kannst die Zeit, bis du deine Position gefunden hast, gut überbrücken, indem du dir die Frage noch einmal stellst.

„Wohin sehe oder gehe ich, wenn ich an mein Eingebunden-Sein denke? Wo ist mein Fixpunkt?" Schau nun bitte dorthin, wo deine Augen anhalten möchten und verweile dort ganz bewusst. Kommst du so an, als könntest du den Blick dort nicht mehr wegnehmen, bist du eins mit Mutter Erde.

Wisse: Da, wo deine Augen jetzt hinsehen, gibt es einen einzigen Punkt. In ihm sind alle Informationen gespeichert. Sieh einfach mit offenen oder geschlossenen Augen dorthin, ohne etwas sehen zu wollen, und dein göttlicher Blick öffnet sich. Bitte die geistige Welt um vollkommene Heilung, Befreiung und um Hilfe für alle Beteiligten. Du musst während der Übung weder eine Eingebung bekommen, noch etwas Bestimmtes fühlen. Das Tun selbst ist das Wichtigste.

Bitte danach um die Erlaubnis, dich auf die Sonne des Lebens ausrichten zu können.

Frag dich dazu laut sprechend: „In welcher Richtung wartet die Sonne des Lebens auf mich?" Warte einen Moment und dann dreh zuerst nur den Kopf dorthin. Spüre, ob dein Körper noch an das alte Feld gebunden ist. Wenn ja, bitte den Erzengel Michael um seine Hilfe.

Dreh dann deinen ganzen Körper in die Richtung deiner Ursonne. So wendest du dich langsam der Sonne des Lebens zu. Stell dir nun dort, wo dein Blick sich hinwendet, eine goldgelbe Sonne als Symbol für das Leben vor. Sieh die Sonne nur solange an, wie du oder dein Geist sie sehen möchten.

Sprich dazu laut aus: „Leben, hier bin ich, bitte nimm mich mit deiner ganzen Kraft und lass mich erleben, was ‚Erfüllung' (oder das Deinige) wahrlich bedeutet. Bitte mach mir Erfüllung (oder das Deinige) so klar und so deutlich, dass ich diese Erfahrung auf allen Ebenen gleichzeitig erleben kann."

Erfahrungsnotiz: Die goldene Sonne. **Der häufigste Grund, warum ein Mensch nicht mehr mit der goldenen Sonne des Lebens (= der Ursonne und seinem Seelenselbst) zusammenarbeitet, ist eine unbewusste Ausgangsposition. Wenn die Ausgangsposition nicht bei Mutter der Erde ist, öffnet sich das wohlwollende Prinzip des Lebens nicht und die erwünschte Veränderung bleibt aus.**

Wir dürfen uns, besonders in unrunden Momenten, stets neu darauf besinnen: Wo bin ich gerade wirklich? Diese Betrachtung ist immens wichtig, denn die stärkste Position im Menschen kann überall sein, nur nicht bei Mutter Erde! Um sich auf die goldene Sonne einstimmen zu können, ist es unumgänglich, im Fixpunkt des gegenwärtigen Geschehens anzukommen. Von dort aus beginnt die Reise ins glorreiche Leben.

Übung No.33: *Der Weg in ein erfülltes Leben*

Zugang zum Coach-Paket

Das Coach Paket ist eine wunderbare Ergänzung zum Buchinhalt. Es bietet dir, ganz besonders in unrunden Momenten, die Möglichkeit: deine schnelle Übung zu finden. Zusätzlich gibt es spannende Inspirationsfunken, Meditationen und Marker zum Buch.

Auf meiner Homepage **www.himmlische-geschichte.de** kannst du die Übungen entweder gezielt zu den einzelnen Kapiteln, aber auch frei und intuitiv auswählen. Die Übung die in einem Kapitel vorgestellt wird, hat immer die gleiche Nummer wie das Kapitel. So gehört zu Kapitel 1, die Übung No.1, zu Kapitel 2, die Übung No.2, usw.

Du kannst den Ablauf der Übung auf der Homepage entweder lesen oder anhören und somit gleich umsetzen. Dies schenkt dir eine große Hilfestellung und Erleichterung im Prozess des ganzheitlichen Erwachens. Es kann in dir viel leichter erkennen: Wo bin ich denn gerade wirklich?

Das Passwort lautet: Seelenplan.
Mit diesem Wort kannst du dich heute schon gratis anmelden.

Über die Autorin

Heike Maurer, 1966 geboren, zwei Kinder, selbständige Raumausstatter-Meisterin und Künstlerin. Sie wirkt heute hauptberuflich als Volltrancemedium in Zusammenarbeit mit der geistigen Welt, gibt Einzelberatungen, Webinare, Seminare und ist Gründerin des Tarots de Tassé.

Meine Berührung mit der geistigen Welt begann mit einem schweren Schicksalsschlag im Jahr 1988. In dieser Erfahrung betete ich mein erstes, leibhaftiges Gebet zu Gott Vater. Obwohl er mein Gebet damals nicht erhört hat, habe ich von diesem Tag an nie wieder aufgehört, an ihn zu glauben. Dieser Glaube hat sich über die Jahre hinweg sehr stark in mir vertieft und verankert. Erst 18 Jahre später fand ich wieder Zugang zu dem damaligen Erlebnis und konnte den Schmerz vielleicht zum ersten Mal fühlen. Nach dieser Transformationsarbeit absolvierte ich ein dreijähriges Gebets-Studium und mir wurde klar: Ich möchte hier auf Erden ein Engel sein, mich frei und ungebunden in den Dienst Gottes stellen. Nach dem Gebetsstudium befasste ich mich zwei weitere Jahre lang intensiv mit den göttlichen Strahlen und den in diesem Bereich aufgestiegenen Meistern.

Sehr oft fühlte ich mich ihnen dabei sehr, sehr nah und so kam es, dass ich mich still und heimlich mit dem Gedanken auseinandersetzte, ob ich wohl selbst irgendwann einmal ein aufgestiegener Meister werden könnte. In meinen Träumen sah ich mich schon in langen Gewändern mit Glitzerflügeln umgarnt von Licht und Liebe durch die Straßen gehen.

Doch es kam ganz anders, denn als ich bei einem Spaziergang Gott Vater ernsthaft gefragt habe, was ich konkret tun könne, um ein aufgestiegener Meister zu werden, erhob sich vor mir eine Baumwurzel und ich landete auf meinem Hintern.

Dort angekommen, konnte ich hören, wie er sagte: „Kind, ein aufgestiegener Meister wirst du dann, wenn du dort angekommen bist, wo du dich jetzt befindest, nämlich auf der Erde. Was ich dir jetzt sage, ich weiß, es wird dir nicht gefallen, doch es ist für dich und deinen zukünftigen Weg sehr wichtig: Bitte halt an und geh Stufe für Stufe. Ich verspreche dir, du wirst nichts, aber auch gar nichts versäumen. Warum willst du jetzt schon an den Himmel denken, wenn du noch nicht einmal das Leben und seine Kräfte kennst? Bedenke, das Leben ist dir viel, viel näher als ich dich je halten und lenken könnte. Fang an, der Schöpfung um dich herum zu lauschen und du wirst die gütige Kraft sowie das wohlwollende Prinzip des Lebens verstehen lernen. Du wirst hier auf Erden kein Engel, sondern vielmehr eine Buddhine sein." So endeten die Worte Gott Vaters und mein langjähriger Engelswunsch, für den ich so diszipliniert und hart gearbeitet hatte, für den ich stundenlang gebetet und meditiert hatte, verpuffte innerhalb einer Minute schlagartig im Wind.

Auch wenn ich seine Botschaft lange Zeit nicht verstanden habe, hat sie mich auf einen guten Weg gebracht – ich selbst nenne ihn „Den Weg ins glorreiche Leben". Heute kann ich seiner Botschaft zustimmen, das Leben hat wahrlich ein großes Bestreben: Es möchte, dass es uns Menschen gut geht.

Was ich dir gerne mit auf den Weg geben möchte: Komm täglich in dir an! Dein Kräftehaushalt entspannt und öffnet sich. Störfelder lösen sich auf und dein wahres Potential kommt zum Vorschein. Nimm das Leben als deinen besten Freund an und stimme dich auf das wohlwollende Prinzip ein. Wende dich der Sonne zu und sprich zum Leben: *„Leben, hier bin ich, bitte nimm mich in deiner ganzen Kraft an und lass mich erleben, welche Güte mich erfüllen kann."*

Übersicht Übungen

1: Was blockiert mich?
Halte an, wenn du verstehen möchtest
2: Der Widerstand
Die *Bewusstwerdung*
3: Das große Nicht-Verstehen
Wo bin ich gerade wirklich?
4: Die systemische Bremse
Komm in der Wolke an
5: Erkenne, wo du bist
Energetisches Wirken anhalten
6: Bring dich in deine Position
Heilsame Öffnung
7: Halt kurz an
Wähle deinen Satz
8: Recht haben oder glücklich sein?
Bringt mich das weiter?
9: Kontaktaufnahme mit Mutter Erde
Die Buttonbetrachtung
10: Mutter Erde hilft
Die innere Welt nach außen bringen
11: Warum, wieso, weshalb?
Befreie deinen Kräftehaushalt

12: Was willst du wirklich?
Komm in den längeren Atem
13: Die Urkraft öffnet sich
Energetische Wandlung
14: Das Leben meint es gut
Erkenne den Fixpunkt deiner Mauer
15: Ist zu viel Glück ungesund?
Göttliche Öffnung

16: Ins Leben gehen
Wohin darf ich mich wenden?
17: Über Nacht glücklich
Ermögliche dir deinen Erfüller-Baustein
18: Auf dem Weg zum Ziel –
Die erste Stolperfalle
19: Auf dem Weg zum Ziel –
Die zweite Stolperfalle
20: Sei heute schon wertvoll
Bereit für einen Erfüller-Kick?
21: Einfach so *Einfach so erfüllt sein*

22: Vom Ich zum Wir *Platzwechsel*
23: Das große Geschehen im Wir
Natürlich Anhalten-Können
24: Finde Abstand im Geschehen *Spiegelungen wandeln*
25: Bereit für eine neue Sicht
Der göttliche Blick
26: Erkenne dich in deinem Licht
Siehe deine Herrlichkeit
27: Eine wichtige Botschaft
Wahre Erfüllung
28: Was du siehst, kannst du auch annehmen
Heute bleibe ich hier
29: Vom Ich zum Wir
Öffne den Raum deiner schöpferischen Kraft
30: Ankommen
Öffnung und Übergang in den göttlichen Fluss
31: Liebevolle Provokation
Eine heilsame Kommunikation
32: Himmlische Verzückung
Berühre den Raum der Schöpfung
33: Die goldene Sonne
Der Weg in ein erfülltes Leben